문학동네 세계문학 밤의 눈의

신화로 보는 세상

지은이 | 박영수
펴낸이 | 김학민
펴낸곳 | 학민사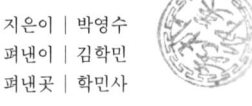

등록번호 | 제10-142호
등록일자 | 1978년 3월 22일

주소 | 서울시 마포구 대흥동 150-1번지(121-809)
전화 | 02-716-2759, 702-3317
팩시밀리 | 02-703-1495
홈페이지 | http://www.hakminsa.co.kr
이메일 | hakminsa@hakminsa.co.kr

1판 1쇄 인쇄 | 2008년 3월 10일
1판 1쇄 발행 | 2008년 3월 15일

ⓒ 박영수, 2008, Printed in Korea

ISBN 978-89-7193-184-4(03920))

신화로 보는 세상

박영수 지음

학민사

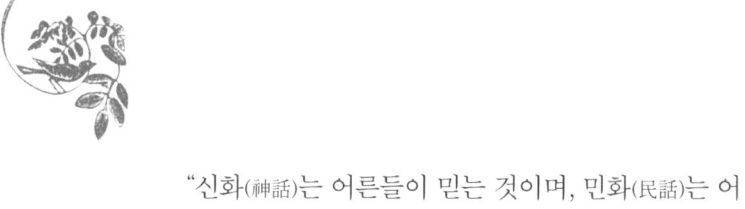

머리말

"신화(神話)는 어른들이 믿는 것이며, 민화(民話)는 어른이 애들에서 말해주는 것이다."

미국 시인 월트 휘트먼이 말했듯 신화는 성인(成人)의 믿음을 반영한 이야기이다. 여기서 '어른'(혹은 성인)이란 부모 품을 벗어나 자기 힘으로 세상을 살아가는 존재를 가리킨다.

그렇다면 어른이 믿는 건 뭘까? 그에 대해서는 수없이 많은 걸 꼽을 수 있으나 대체로 세상에서 어떻게 처신해야 하는가에 대한 가치관이 주류를 이룬다. 사랑·우정·정의·충성·정복·행복 등등 실로 다양하다. 하지만 그런 신화들을 자세히 분석해 보면 하나로 크게 묶을 수 있다. 바로 인간관계 지침이다. 다시 말해 신화에는 '처신 또는 대인관계의 지혜'가 담겨 있다. 오래도록 신화가 사랑받는 이유 역시 여기에 있다.

신화는 지역에 따라 내용이 조금씩 다른데, 그건 환경적 차이에서 기인한다. 날씨를 비롯한 자연환경과 생존에 필요한 주변환경, 사회질서에 연결된 체제환경 등이 복합적으로 작용하여 신화에 반영된 까닭이다. 혹독한 기후에 시달리는 지역에서는 기후 관련 신화가 생겼고, 음식이 풍부한 곳에서는 음식 관련 신화가 나왔으며, 폭압정치가 행해지는 사회에서는 정치적 신화가 발생한 것이다.

신화는 교류를 통해 조금씩 다듬어졌고 보편성이 강해졌다. 이때 지역적 특수성보다는 사회적 공감이 더 많이 신화 속에 녹아들어갔다. 그런 만큼 사람들은 신화를 더욱 믿었고, 어떤 이는 신화를 통해 뭔가 지혜를 깨우치려 했다. 단순한 이야기라고 하기에는 상징과 교훈이 매우 인상적이기 때문이다.

필자는 바로 그 점에 착안하여 신화를 주목했다. 그러면서 하나하나의 신을 중심으로 신화에 담긴 속뜻을 적극 살펴보았다.

그 결과 〈하늘의 신〉 〈바다의 신〉처럼 자연현상의 신격화는 물론 〈정의의 여신〉 〈지옥의 신〉처럼 인간만이 지닌 가치관이 어찌하여 신격화되었는지 조금은 알게 되었다. 더불어 많은 사람이 가장 큰 어려움을 겪는 게 대인관계라는 사실도 새삼 깨달았다.

사람은 누구나 한번 태어나고 결국 죽는다. 그러나 진리는 그렇지 않다. 수천년 동안 전해져온 신화는 그런 진리를 가장 잘 전해주는 인류의 교과서에 다름 아닌 바, 이 책이 독자 여러분의 유익한 신화여행에 다소나마 도움이 되길 기원한다.

솔결 박영수

차 례

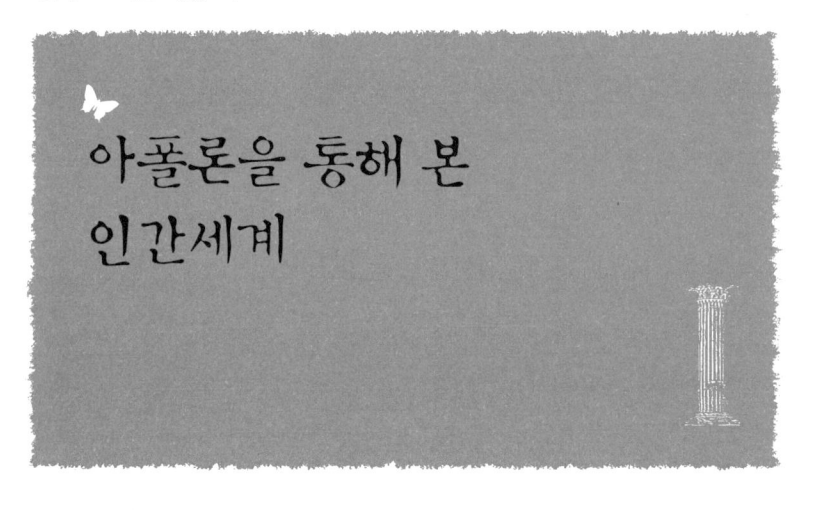

아폴론을 통해 본 인간세계

고대 그리스인들은 유일신(唯一神)이 아니라 만물다신주의(萬物多神主義)를 믿었고, 수많은 신들 중에서도 태양의 신 '아폴론'을 남달리 숭배했다. 왜 그랬을까? 아폴론 신화에 그 이유가 숨어 있으니 찬찬히 살펴보자.

아폴론의 탄생은 시작부터 순조롭지 않았다. 헤라 몰래 제우스와 정을 통하여 아이를 임신한 레토는 무거운 몸을 이끌고 해산할 곳을 찾았지만, 헤라의 방해 때문에 장소를 찾지 못했다. 레토는 쓸모없는 땅이나 다름없던 델로스 섬에서 신전 건설을 약속한 후에야 겨우 몸을 풀 수 있었다. 하여 태어난 아이가 쌍둥이 남매인 아폴론과 아르테미스이다.

아폴론은 며칠 후 신들의 술 넥타르와 음식 암브로시아를 먹고 청년이 됐으며, 대지에 틈새가 있는 땅인 델포이에 도착하여 그곳을 지키는 큰 뱀 퓌톤을 죽이고 그 자리에 신전을 세웠다. 또한 아폴론 신전 안에는 '옴팔로스'라는 대리석이 놓였는데, 이는 '대지의 배꼽'이라는 뜻으로서 '지구의 중심'임을 상징했다. 이후 델포이는 그리스 최대의 성지로서 아테네인의 존중을 받았다.

아폴론(Apollon)은 누구인가?

그 이름은 '미남 청년'이란 뜻으로서 제우스 다음 가는 권력을 지닌 태양의 신이자 예언·음악·의술·지성·학문·궁술·예술·변론 등 다방면의 신이다. 하프와 활을 들고 다니며 신탁(神託)을 주관하면서 오만한 인간을 뜨거운 태양으로 징벌한다. 그뿐 아니라 외모는 신들 중에서 가장 뛰어나고, 큰 키와 물결처럼 굽이진 곱슬머리를 하고 있으며, 성격은 침착하고 차분하다. 얼마나 아름다운지 많은 요정과 인간들이 그를 한 번 보고나면 그리워서 상사병이 날 정도이다.

이렇듯 그리스인들이 아폴론을 거의 흠이 없을 만큼 완벽한 존재로 상정한 이유는 무엇일까? 사실 아폴론은 그리스인이 지향하는 이상(理想) 그 자체였다. 그리스인들은 페르시아와의 전쟁에서 이긴 뒤, 야만성을 뛰어넘는 독자적 문명을 지향했는데 그 구체적 상징이 바로 아폴론이다. 아테네 근교의 언덕에 있는 신전을 세계의 중심으로 명명한 것이나, 여러 정보에 달통한 만물박사를 지성적인 인간으로 우대한 것도 그런 맥락에서 파악할 일이다.

다시 말해 그리스인들은 본능에 지배당하고 본능만을 추구하며 사

아폴론 신전의 내부 벽화 중 일부 테라코타에 채색되어 있는 벽화로서, 고대 그리스의 그림으로는 매우 드문 유물이다. 기원전 625년 경 작품.

는 인간을 아주 저속하게 여겼으며, 동물과의 차별성이 이성(理性)에 있다고 굳게 믿었다. 또 운명만을 탓하며 운명에 지배당하는 인간을 어리석게 보았다. 아폴론이 헤라의 방해를 뚫고 태어난 출생과정이나 델포이에 신전을 세운 일이 한결같이 '기존에 대한 도전과 성취'라는 의지를 표현하고 있음은 그 때문이다.

그리스인들은 조각을 많이 만들었는데 이는 물질에 인간의 정신을 불어넣는 '창조'에 다름 아니었다. 더군다나 그리스인들은 지구상 최초의 누드 조각상을 만들면서 그 모델을 아폴론으로 삼았으니, 여

아폴론의 머리 기원전 5세기 경 만들어진 청동조각상으로서, 당시 그리스인들의 이상적인 미남 얼굴을 보여주고 있다.

기에도 이성 우대의 정신이 여실히 담겨 있다.

단련된 근육은 오랜 기간 부단히 운동하여 얻어지는 바 '근육 남성미'는 '절제된 힘'을 상징하고, 과장되지 않은 '사실적인 조각'은 현실 속에서 행복을 찾는 '현실주의'를 보여주며, '잘 생긴 중성적 얼굴'은 남성·여성 사이의 균형과 조화를 추구하는 '평화주의'를 드러내고 있는 것이다. 일반적으로 전쟁이나 혼란기에는 강력한 힘을 지닌 남성미가 우대받는 동시에 상상으로 행복을 꿈꾸는 반면, 안정적이고 평화로운 시대에는 부드러운 여성미가 이상적으로 여겨지고 현실에서 행복을 찾는다는 사실을 감안하면 쉽게 이해할 수 있으리라.

이성을 중시하는 태도는 합리와 과학을 낳게 마련이어서 그리스인들은 수학이나 과학에 많은 업적을 남겼다. 산수(算數)를 넘어서서 여러 분야까지 영향을 끼친 피타고라스학파의 기하학이나, 탈레스가 기원전 585년 최초로 일식(日蝕)을 예언하여 밀레투스와 리디아의 전쟁을 중지시킨 일화 역시 과학적 사고로 야만적 폭력을 물리친 사례라 할 수 있다.

그렇다고 해서 그리스인들은 '문(文)'을 우대하기 위해 '무(武)'를 홀대하지 않았다. 그들은 헤라클레스의 신화를 통해서 힘에 대한 정서를 충분히 공감하고 있음을 나타냈고, 생활 속에서도 그런 관념을 드러냈다. 예컨대 그리스인들은 귀한 손님에게 젊은 헤라클레스와 월계관을 쓴 아폴론의 모습이 새겨진 항아리를 선물하는 관습이 있었다.

그렇다면 이성적인 인간은 완벽한 존재일까?

그리스인들은 그 점에 대해 아폴론의 연애들을 통해 그렇지 않다고 말했다. 아름다운 외모 때문에 많은 님프와 인간들이 그를 사랑했지만 아폴론은 대체로 사랑에 실패했다. 감정을 조절하지 못한 채 에로스를 생각없이 흉보다가 에로스의 화살을 맞아 님프 다프네를 좇아다녀야 하는 수모를 겪는가 하면, 자신을 흠모하는 수많은 여인들과 제대로 사랑다운 사랑을 나누지도 못했다.

합리적이고 유능한 아폴론이 왜 사랑에 있어서는 서툴렀을까? 그것은 사랑의 본질이 이성이 아니라 감성에 있음과 관련 있다. 바꿔 말해 이성적인 아폴론은 질서를 파괴하는 격정을 이해하지 못한 바, 열렬한 마음이 동반되는 사랑의 열정에 빠져들지 못한 것이다.

그랬다. 그리스인들은 이성에 의한 사회를 궁극적인 유토피아로 생각했지만 한편으로 그곳에서는 사랑의 열정이 부족할 수밖에 없음을 알고 있었다. 결국 '학문은 사랑과 동반의 관계에 서기 힘들다'는 게 그리스인들의 결론인 셈이다.

그 외에도 그리스인들은 아폴론으로 인간의 진화 혹은 특성을 간파한 면모가 적지 않다. 유전인자에 있어서 직모(直毛)보다 우성(優性)인 곱슬머리를 비롯해, 큰 키는 (현대인의 평균 키가 중세인보다

20cm 이상 큰데서 알 수 있듯) 인간의 키가 계속 커질 것이라는 예언이며, 지성의 신이 동시에 점술을 관장했다는 점은 미래 예언은 시대를 초월해 변함없이 인간의 관심사임을 암시하고, 잘난 외모는 겉모습에 집착하는 사람들의 심리를 잘 말해주고 있지 않은가 말이다.

요컨대 아폴론은 아름다운 질서를 추구하는 사회적인 인간, 그 자체인 것이다.

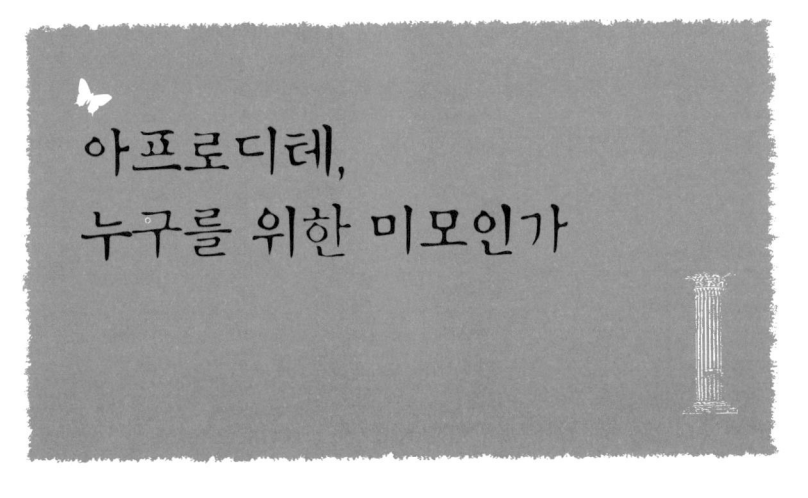

아프로디테, 누구를 위한 미모인가

1820년 4월의 어느 날이었다. 에게해의 밀로 섬에서 한 농부가 이상한 조각상을 발견했다. 높이 2미터에 이르는 그 조각상은 상반신은 나체였고 하반신은 주름진 옷으로 가려져 있었는데 어쩐지 귀한 유물처럼 여겨졌다. 하여 농부는 비싼 값에 팔아야겠다고 생각했다. 하지만 그 소식을 들은 현지 프랑스 대사관이 재빠르게 움직여 농부에게 은근히 겁을 준 다음 헐값으로 사들였으며, 본국의 루이 18세에게 바쳤다. 이리하여 루브르 궁전에 소장되었으니 이 조각상이 그 유명한 '밀로의 비너스'이다.

출토지에 근거하여 이름 붙여진 '밀로의 비너스'는 오늘날 모나리자와 함께 사람들의 발길이 가장 많이 몰리는 미술품이자, 서양 여인

들의 이상적 미인이기도 하다. 왜 그럴까?

'사랑'을 뜻하는 라틴어 '베누스(venus)'에서 유래된 '비너스'는 고대 그리스의 아프로디테(Aphrodite)와 같은 성격의 여신(女神)으로 아름다움을 관장한다. 그리스어로 아프로스(aphros)는 '거품'을 의미하는 데서 짐작할 수 있듯, 아프로디테는 우라노스(하늘)의 아들 크로노스가 아버지의 생식기를 잘라 바다에 던진 뒤 생겨난 하얀 거품에서 성숙한 여인으로 태어났다. 이는 남성의 정액을 생명의 시작으로 생각하는 정서를 보여주는 것인 바, 그리스인의 사고관은 근본적으로 남성우월이었음을 알 수 있다.

아프로디테는 탄생은 물론 그 후의 행적에서 더 큰 화제를 계속해서 낳았다. 올림포스 신전에 도착한 아프로디테를 보고 제우스는 그 자리에서 파격적으로 주신(主神)의 대열에 넣어 주었고, 그곳에 모여 있던 여러 남신들이 모두 그녀의 미모에 홀려 다투어 사랑을 원하는 사태가 벌어졌다. 태양을 상징하는 잘 생긴 아폴론도, 바다를 지배하는 근육질의 포세이돈도 그저 아프로디테의 눈길만 애절하게 바라보았다. 그러나 아프로디테는 가장 못생긴 헤파이

에로스를 달래는 비너스 1751년 프랑스 화가 부세가 그린 그림으로, 비너스와 에로스의 표정이 눈길을 끈다.

스토스를 남편으로 선택했다. 남신들에게는 의외의 결과였으나 정작 아프로디테에게는 깊은 속뜻이 있었다.

헤파이스토스(Hephaestus)가 누구인가? 제우스와 헤라 사이에서 태어난 적자(嫡子)이지만, 불운하게도 절름발이라는 신체장애를 안고 태어나 홀대받은 불〔火〕과 대장장이의 신이다.

아프로디테가 그런 헤파이스토스를 택한 이유는 기술을 가진 능력자라는데 있었다. 당시 그리스는 철기문화시대로서 쇠를 다루는 사람이 가장 유능한 실력자로 여겨졌는데, 이런 정서를 감안하면 아프로디테의 눈에는 헤파이스토스가 가장 능력있는 남자였던 것이다.

사실 이렇듯 어울리지 않는듯 하면서도 실제적 이유가 타당한 남녀 결합은 역사적으로 오랜 전통을 지니고 있다. 남자는 아름다운 여자를 원하고, 여자는 능력있는 남자를 원하는 풍토가 어제 오늘의 일이 아닌 것이다.

그런데 아프로디테의 어떤 점이 남자들에게 아름답게 보였을까?

첫 번째 매력은 생식 능력에 있었다. 풍만한 젖가슴과 넉넉한 몸매는 다산을 기원하는 종족 번식의 본능을 충족시키기에 충분했던 것이다. 그러나 그 못지않은 매력이 있으니 바로 팔등신이었다. 그리스인들은 아프로디테 여신상을 만들면서 팔등신(八等身)의 개념을 도입했는데, 이후 서양 미인의 기준 몸매가 된 데서 알 수 있듯 보기 좋은 비율미(比率美)가 바로 아프로디테의 진정한 아름다움이었다. 같은 맥락에서 그리스인들이 '황금비율'을 발견한 것도 우연한 일이 아니라 말할 수 있다.

아프로디테의 매력은 여기서 끝나지 않는다. 그녀는 보여주는 듯

파리스의 심판 루벤스가 1638년 그린 그림으로, 미모에 대한 인간의 욕망을 잘 드러내고 있다.

감춰지는 '은근한 노출'이 남성의 관심을 잡아끈다는 사실을 잘 알고 그에 맞게 처신했다. 예컨대 가슴을 노출하여 에로틱한 분위기를 연출하면서도 하반신은 슬쩍 가려서 신비감과 호기심을 자아냈다.

다시 말해 아프로디테는 '수치의 허리띠'를 띠고 있음으로써 다른 여신들과의 가장 큰 차이를 보였는데, 아프로디테를 아름답게 보이게 했던 것은 바로 부끄러움을 아는 여인의 다소곳한 신비성에 있었던 것이다. 아프로디테의 허리띠는 '케스토스'라고도 불렸으며, 애정을 일으키게 하는 힘을 가지고 있다고 여겨졌다.

하지만 애정이 아니라 실용적 필요에 의한 결혼은 금방 싫증이 나게 마련이다. 아프로디테 역시 그러했다. 그녀는 남편 몰래 잘 생긴 아레스(전쟁의 신)와 사랑을 나누면서 쾌락을 즐겼고, 그와의 사이에서 하르모니아(조화)와 데이모스(공포)와 포보스(두려움)라는 세 아이를 낳았다.

이는 무엇을 말하는가? 사랑과 전쟁이 균형을 이루면 '조화'를 낳지만 균형이 깨지면 '두려운 공포'를 낳음을 상징한다. 너무 편하게 대하거나 혹은 너무 어렵게 생각해서 거리감이 생기거나 다투게 되는 인간관계를 감안하면 쉽게 이해될 것이다.

그렇다면 미모는 어떻게 누가 평가하는가? 이에 관해서는 '파리스의 심판'에 잘 드러나 있다.

펠레우스와 테티스의 결혼식에 초대받지 못해 분개한 불화의 여신인 에리스가 화풀이하고자 피로연 석상에 황금사과를 던졌다. 그 사과에는 '가장 아름다운 여신에게'라고 씌어 있었고, 예상대로 헤라, 아테나, 아프로디테 세 여신이 저마다 자기가 가장 아름답다고 다투었다.

결국 세 여신은 깊은 산에서 양을 치고 있는 트로이 왕자 파리스에게 황금사과를 준 다음 가장 아름다운 여자에게 황금사과를 돌려주게 하였다. 이때 세 여신은 각자 파리스에게 환심을 살만한 제의를 하며 매수하려 했다. 파리스는 그 중에서 '가장 아름다운 여성을 소개해 주겠다'는 아프로디테의 제의를 받아들여 아프로디테에게 사과를 주었다. 이리하여 아프로디테는 신들 중에서 가장 아름다운 여신이 되었다.

이 신화는 미인대회가 고대부터 있었음과 동시에 '미모는 나의 눈이 아니라 여러 사람들의 평가에 의해 인정된다'라는 사회관념을 일러주고 있다. 요컨대 주관이 아니라 객관에 휘둘리는 인간의 엷은 마음 때문에 미인의 기준이 생기고, 시대에 따라 수시로 달라지는 것이다.

미모, 그것은 혼자 느끼는 행복이 아니라 타인의 부러움을 통해 느끼는 요상한 만족감이다!

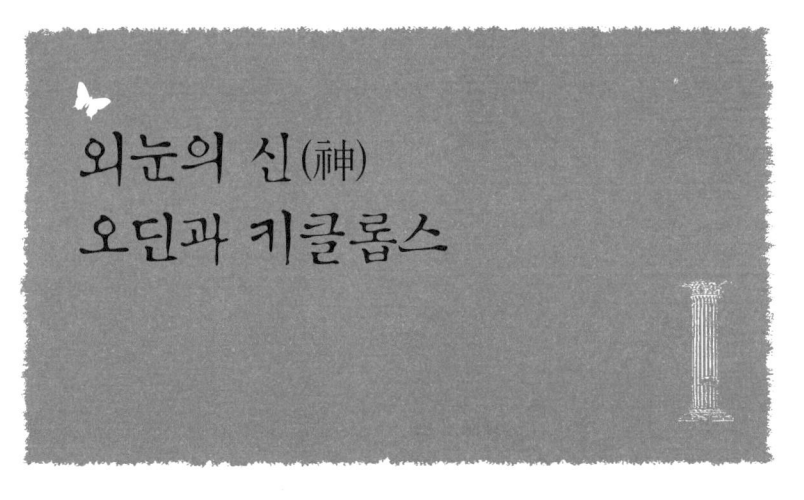

**외눈의 신(神)
오딘과 키클롭스**

　　　　　　　　게르만 전설에 따르면, 아주 먼 옛
날 신비한 암소 아우둠라가 짠 얼음덩어리를 핥은 지 3일만에 키 크
고 힘 센 남자 부르(Buri)가 태어났다. 부르는 보르(Bor)라는 아들을 낳
았고, 보르는 거인의 딸 베스틀라와 결혼하여 3명의 아들을 낳았다.
오딘, 빌리, 베가 그들이며, 얼마 후 이들로 인해 엄청난 일이 벌어졌
다. 삼형제가 거인 이미르를 죽인 다음 그 시체로 세상을 만들었던
것이다. 그때 얼마나 많은 피가 쏟아졌는지 거인들 대부분이 익사하
고 말았다.

　그러던 어느 날 삼형제는 바닷가에서 통나무 두 개를 발견하고는
뭔가를 만들기 시작했다. 바로 인간이었다. 이들은 통나무를 깎아 남

녀를 만들었고, 제각기 선물을 하나씩 주었다. 오딘은 '고귀한 영혼'을, 빌리는 '감정과 이해력'을, 베는 '능력과 예의범절'을 주었다. 이렇게 하여 인류는 다른 동물들과 달리 생각하는 사고력과, 사랑을 주고받을 줄 아는 감성과, 상대를 배려할 줄 아는 예절을 갖게 되었다.

그 무렵 신들의 세계에도 많은 변화가 일어났다. 오딘(Odin)이 최고 지배자를 꿈꾸면서 신들을 하나씩 제거해 나가기 시작했기 때문이다. 오딘은 매우 힘이 세었기에 대체로 싸움에서 이겼으나 때론 간단치 않은 상대를 만나기도 했다.

이때 오딘은 승리를 위해 모험을 했다. 유명한 현인인 미미르를 찾아가 특출한 능력을 달라고 요구했다. 이에 미미르는 그 대가로 한쪽 눈을 희생해야 한다고 말했으며, 오딘은 망설이지 않고 즉각 한쪽 눈을 뽑아 미미르의 우물에 던져주었다. 그리고는 우물물을 한 모금 얻어 마셔 원하던 마법과 지혜를 얻었다.

힘이 센 데다 마법과 지혜까지 겸비했으니 오딘을 당할 자가 없었다. 그에 따라 오딘은 자연스레 신들의 왕과 같은 대우를 받았고, 모든 신들은 그를 아버지처럼 섬겼다. 이때부터 오딘은 전쟁·영감·사자(死者)의 신으로 행세했으며, 아울러 바람의 신으로서 공중을 떠다니는 영혼을 통제했다.

오딘에게는 또 다른 특징이 있었다. 모든 일에 자기만의 방법을 가지고 있었다는 점이 그것이다. 이는 오딘의 장점이자 단점이기도 했으니, 그 방법이 어떤 문제든 해결할 수 있는 능력과 동시에 독단적으로 행동하는 독재성을 상징하는 까닭이다.

이것이 문제였다. 오딘은 수많은 늑대들을 마음대로 부리면서 공포 분위기를 조성했고, 무엇이든 힘을 사용했다. 때문에 오딘은 난폭이나 흉폭을 뜻하는 포덴, 보탄으로도 불렸다.

그렇다면 오딘은 왜 폭력을 좋아했을까?

오딘은 지혜를 얻은 대신 합리성을 잃었다. 눈[眼]은 그저 보는 기능만 있는 것이 아니라 다른 각도에서 생각하는 능력이기도 한 바, 한 가지만 생각하는 오딘의 외눈은 편견을 상징하는 것이다.

편견은 사람들로부터 공감을 얻지 못하는데 오딘 역시 그러했다. 인간들은 오딘을 무서워하기는 했으나 마음으로 따르지는 않았다. 다른 사람의 의견에 귀 기울이지 않는 독재적인 상관이 부하들로부터 존경

키클롭스 외눈박이 괴물은 독재적인 폭력과 편견을 상징한다.

을 받지 못하는 것과 같은 이치로서, 오딘은 정상에 서 있기는 하지만 쓸쓸할 때가 많았다.

오딘은 외눈에 대한 콤플렉스도 가지고 있었다. 하여 변장을 하고 돌아다니길 좋아했고, 어떤 모습이든 간에 외눈을 감추기 위해 챙이 축 처진 모자를 쓰고 다녔다. 이는 무엇을 말하는가? 타인의 눈에 완

벽해 보이는 권력자도 나름대로의 아픔을 지니고 산다는 뜻이다.

그런데 왜 북유럽인은 그런 난폭한 오딘을 신들의 왕으로 여긴 것일까? 그것은 문화적 특성에서 기인한 것으로, 오딘 신앙은 바이킹이 활개를 치던 8~10세기 경 절정을 이루었고, 바이킹의 쇠퇴와 더불어 사라져갔다. 다시 말해 폭력을 중시하는 문화정서가 상상의 신(神)마저 폭력적인 모습으로 상정하게 만들었고, 합리성이 결여된 독단적 폭력의 문제점을 외눈으로 표현한 것이다.

외눈이 편견을 상징한다는 생각은 고대 그리스인에게도 있었다. 그리스인들이 생각한 신들의 모습은 일부분 동물의 형상을 하고 있지만, 대개의 신은 인간과 닮은 형상을 하고 있었다. 차이가 있다면 이들 신들은 굉장한 힘을 가진 무섭고도 두려운 존재였다는 점이다. 체격도 또한 엄청나게 커서 인간은 비교할 바가 못되었다.

특히 거인족은 모습이 괴수 같았고 성질도 난폭했다. 그 거인족 중에 이마 한가운데에 커다란 눈이 있는 외눈박이 괴물이 있었는데, 키클롭스(Cyclopes)라고 불렸다. 그리스말로 '둥근 눈'이라는 뜻이다.

키클롭스들은 그리스 초창기에 가장 번성했던 두 도시 미케네와 티린스의 성곽을 건설한 것으로 알려졌다. 각지지 않은 돌로 둘러쌓은 성곽의 담은 너무나 튼튼해서 사람의 손으로 만들어졌다고 믿어지지 않았기 때문이다. 그리스인들은 그런 성곽을 쌓을 수 있는 족속은 오로지 키클롭스같은 거대한 존재뿐이라고 결론지었기에, 오늘날 흙반죽이 아닌 거대한 돌덩이로만 건설된 성벽을 사이클러피언(cyclopean)이라고 한다.

키클롭스는 브론테스 · 스테로페스 · 아르게스 삼형제였으며, 그들은 그리스 말로 각각 '천둥' · '벼락' · '번개'를 뜻한다. 그리스인들은 천둥 · 벼락 · 번개는 키클롭스가 내는 현상이라고 생각했기에 그렇게 이름 붙였다.

외눈박이 거인 괴물 키클롭스는 그리스 전설과 문학에서 많은 역사와 사건을 일으켰는데 한마디로 인간에게는 끔찍한 괴물이었다. 외딴 섬에 살면서 닥치는 대로 사람들을 잡아먹었기 때문이다. 키클롭스는 오딘과 마찬가지로 본질적으로 폭력성을 지닌 신이었던 것이다.

대체적으로 사람은 정보의 상당량을 시각에 의해 얻고, 시각에 의존하여 판단한다. '백문불여일견(百聞不如一見)'이라는 속담도 그런 관념을 바탕으로 하여 생겼다.

문제는 어떻게 보느냐 하는 것이다. 거리를 측정할 때 두 눈으로 보아야 정확하듯, 일에 있어서도 여러 각도에서 바라보고 분석할 때 훨씬 객관적이고 합리적일 판단을 내릴 수 있을 것이다. 외눈박이 오딘이나 키클롭스는 바로 그 점을 일깨워주고 있다.

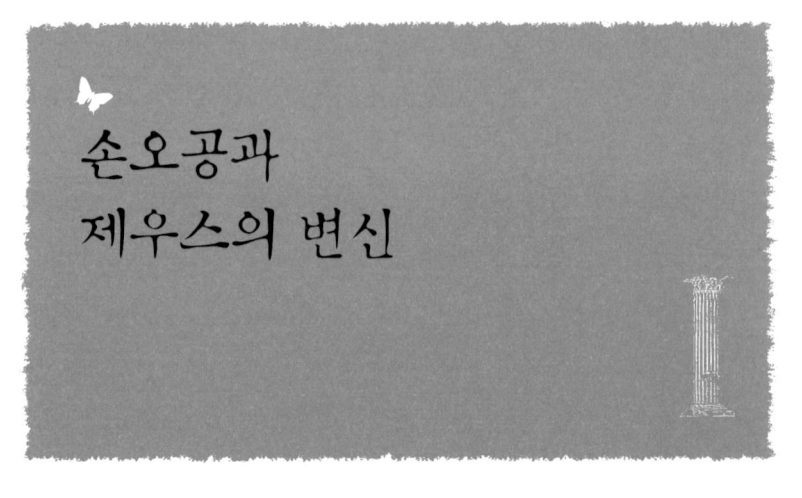

손오공과
제우스의 변신

　　　　　　　　손오공이 요괴와 싸우다가 꾀를
내어 머리털을 한 줌 떼어 입으로 훅 불었다. 그러자 그 머리털들이
모두 손오공의 분신으로 변하더니 진짜 손오공을 대신하여 요괴와
싸웠다. 그런데 그중 하나 특이한 이가 있었으니 흰 옷을 입은 분신
손오공이었다. 손오공은 그를 불러 물었다.

"너는 내가 만든 분신이 아닌 것 같은데, 도대체 누구냐?"

이에 그 분신은 이렇게 대답했다.

"저는 새치입니다."

인터넷에 떠도는 유머 한 토막이지만, 사실 이 이야기에는 신화와
과학이 공존한다. 어떤 생물이 전혀 다른 생김새로 모습을 바꾸는 변

신(變身)과 자기와 똑같은 모습의 분신을 만들어내는 복제(複製) 기술이 그것이다. 불과 얼마 전까지만 하더라도 완전히 공상영화같던 이야기가 요즘 들어 윤리성을 두고 격론을 벌일 만큼 구체화되는 복제과학을 보면 참으로 놀라운 일이 아닐 수 없다. 과연 인류는 변신술 혹은 복제술을 예견한 것일까?

먼저 손오공(孫悟空)의 정체를 살펴보자. 손오공은 명나라 오승은 (1500~82)이 지은 『서유기(西遊記)』에 등장하는 주인공 이름이다. 여기서 손오공은 원숭이 모양을 한 재주 많은 이로써 변신술을 쓰고 여의봉을 휘두르며 요괴들을 물리쳐 삼장법사를 수호한다. 삼장법사는 당나라 태종 때 천축국(인디아)으로 불경을 구하러 떠났다가 역경을 헤치고 돌아온 삼장법사 현장이 모델이다. 그런데 손오공의 모델은 누구일까?

손오공의 모델은 인도의 원숭이 신(神) 하누만(Hanuman)이다. 하누만은 바람의 신 바유(Vayu)의 아들이기도 하며, 몸을 자유자재로 늘리거나 축소시킬 수 있고, 하늘을 나는 능력도 가지고 있다. 바람 자체가 커지거나 작아진다는 점을 생각하면 이해될 수 있는 부분이다.

신화를 보면, 하누만은 원숭이 부하들과 함께 인도 아요디아의 왕, 라마를 도와 악마 라바나를 물리치고 라마의 아내 시타를 구한다. 그 과정에서 하누만이 악마 라바나의 요새인 랑카로 바다를 넘어 날아갔을 때 여악마 수라사가 그를 삼키려 했다. 그것을 피하기 위해 하누만은 몸을 부풀려 수라사로 하여금 입을 크게 벌리게 한 후, 갑자기 몸을 엄지만큼 축소시킨 다음 수라사의 머리속을 질주하여 오른쪽 귀로 빠져나가는 놀라운 능력을 보여준다.

손오공 캐릭터 『서유기』의 손오공은 인도신화에 등장하는 바유(바람의 신)의 아들이 모델이다. 때문에 바람과 구름을 몰고 다닐 수 있다.

손오공은 바로 이 하누만을 모델로 하여 탄생했고, 같은 맥락에서 자유자재로 변신술을 부리고, 구름을 타고 다닐 뿐만 아니라 늘였다가 줄일 수 있는 여의봉을 휘두르는 모습으로 묘사됐다. 사람들은 손오공의 그 놀라운 변신술에 매료된 바, 『서유기』는 시대를 초월하여 현대에까지 많은 인기를 누리고 있다.

동양에서 손오공이 변신의 대표격이라면, 서양에서는 그리스 신화의 제우스를 대표라 말할 수 있다. 그중에서도 천상계를 지배하는 제우스는 어느 신도 넘볼 수 없는 강력한 신으로, 구름을 모으거나 비를 내릴 수 있고 벼락도 내려칠 수 있었다. 그러나 그보다 더 강력한 힘이 있으니 자신의 몸이나 상대의 몸을 다른 생명체로 바꾸는 능력이었다. 다만 하누만이나 손오공이 요괴를 물리치기 위해 변신을 한 반면, 제우스는 자신의 욕망을 이루는 수단으로 변신술을 사용했다.

한번은 이런 일이 있었다.

헤라(제우스의 아내)가 어느 날 하늘이 어두워지는 것을 보고 직감적으로 남편의 음모임을 느꼈다. 아니나 다를까. 구름을 헤치고 보니 남편이 냇가 근처에서 아름다운 암송아지와 있는 것이 아닌가. 제우스는 구름이 걷어지는 순간 재빨리 이나코스(강물의 신)의 딸 이오를 암송아지로 변신시킨 것이지만, 헤라는 상황을 눈치 채고는 제우스에게 다가와 암송아지를 선물해 달라고 부탁했다.

의심을 살까 염려한 제우스는 결국 헤라에게 암송아지를 주고 말았다. 헤라는 백 개의 눈을 가진 괴물 아르고스에게 감시를 명령했고, 그에 따라 이오는 송아지로서 서글픈 신세를 한탄하며 살아야 했다. 불행중 다행히 제우스가 헤르메스로 하여금 아르고스를 죽이게끔 하고, 뒤늦으나마 헤라에게 다시는 이오를 만나지 않겠다고 맹세함으로써 이오는 사람으로 돌아올 수 있었다.

하지만 바람둥이 기질이 어디 그렇게 쉽게 잔잔해질까. 제우스는

제우스와 가니메데스 제우스는 유혹하고픈 여성이나 미소년을 어떤 방법으로든 접근하거나 차지했다. 미소년 가니메데스 역시 색욕 때문에 납치하고 있다.

이후에도 올림포스의 여신들은 물론 수많은 님프나 인간 세상의 여인들과 사랑을 나누며 섹스의 쾌락을 즐겼다. 때문에 올림포스의 신들 가운데에는 제우스의 아들이 많았으며, 인간 세상의 영웅들도 대부분 제우스의 사생아였다.

예컨대 아이톨리아의 왕녀 레다에게는 백조로 변신하여 욕망을 채움으로써 미녀 헬레네를 낳게 하였고, 아르고스의 왕녀 다나에에게는 황금의 비로 변신하여 내림으로써 영웅 페르세우스를 낳게 만들었다. 그뿐 아니라 천하장사로 유명한 헤라클레스도 안피트리온의 아내 알크메네를 범함으로써 탄생시켰다.

그렇다면 고대인들에게 변신은 무엇을 상징하는 것일까?

기본적으로 변신은 변신 대상의 독특한 능력에 대한 부러움과 두려움 혹은 친근함의 표시였다. 그리스 신화에 등장하는 백조는 인간의 눈에 우아하고 순수한 느낌이 매력으로 다가왔고, 송아지는 인간의 삶에 도움을 주는 가축으로서 친근한 존재였다. 이에 비해 독수리나 사자로 변신하는 것은 맹수의 공격력을 높이 평가한 것이니, 인간이 아직 고도의 두뇌능력을 발휘하지 못하던 당시 육체적 능력을 잣대로 삼은 데서 비롯된 초능력인 셈이다.

그로부터 많은 세월이 흐른 오늘날, 옛날 사람들이 꿈꾸던 초능력은 일부분 현실이 되었다. 손오공이 멀리 이동할 때 타고 다니던 근두운은 비행기로 대체되었고, 머리털로 분신을 만드는 요술은 유전인자를 조작하여 생명체를 복제하기에 이르렀으며, 몸을 바꾸는 변신술은 얼굴 성형수술이나 지방흡입술을 통해 다른 사람으로 재탄생되고 있다.

그렇지만 변신이 능사는 아니다. 자의든 타의든 변신으로 인해 곤욕을 치른 이오처럼 지금의 사람들도 변신을 위해 많은 희생을 해야 하는데, 그 변신이 때로 소용없는 상황이 되기도 하는 까닭이다. 내가 남을 속이듯이 남도 나를 속일 수 있으니까 말이다. 그리스 신화에서 다른 생물로 변화된 것은 항상 불행한 슬픔이고, 인간으로 돌아온 것만이 해피엔딩이라는 점도 그것을 일깨워 주고 있다.

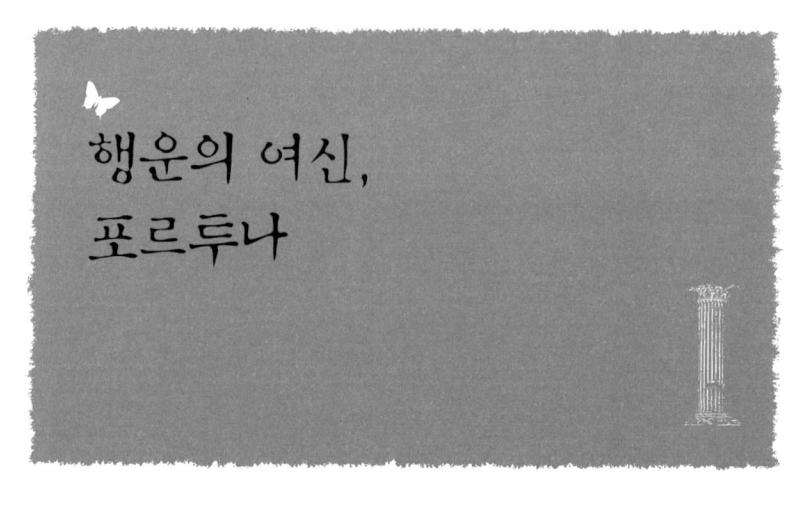

행운의 여신, 포르투나

        동양의 우주철학에 따르면 하늘과 땅이 만나 생명이 탄생했는데, 흥미롭게도 신화로 본 세상사는 지혜신화 역시 같은 내용으로 시작한다.

    대지의 여신 가이아가 하늘의 신 우라노스와 만나 아들, 딸을 각각 여섯씩 낳으니 이들이 바로 티탄(Titan)이다. 티탄은 거대한 몸집을 지니고 있었기에 훗날 '거물' 혹은 '천하장사'를 뜻하는 영어 '타이탄(titan)'의 어원이 되었다. 티탄 12남매 중 가장 강력한 신은 바다와 물을 지배한 장남 오케아노스(Oceanos)였으며, 그의 누이이자 아내인 튀케(Tyche)도 역시 물에 대한 권리를 가지고 있었다.

    그러나 몸집에 의해 결정된 지배자는 오래 가지 못했다. 막내아들

크로노스는 어머니 가이아의 도움을 받아 우라노스를 제거하고 권력을 장악하였다. 반역에 의해 서열이 무너지고, 음모에 의해 질서가 파괴되는 첫 역사가 시작된 것이다. 이는 또한 자연계의 생존법칙이 두뇌싸움에 달려있음을 일깨워주는 사건이기도 했다.

크로노스의 통치 시기는 인류의 황금시대였다. 넉넉한 식량을 바탕으로 다툼도 범죄도 없는 평화의 시대였다. 크로노스는 그런 현실에 만족해하며 영원한 제왕을 꿈꾸었다. 하지만 '자식에게 지배권을 빼앗긴다'라는 내용의 불길한 신탁(神託)이 문제였다.

크로노스는 아내 레아 사이에서 낳은 데메테르를 비롯한 자식 여섯을 태어나자마자 차례로 삼켜서 우환을 없앴다. 이때 레아는 막내 제우스를 감추고 배내옷을 아기처럼 감싸 삼키게 함으로써 단 하나의 자식이라도 살리는 모성애를 발휘하였다.

결국 크레타 섬에서 몰래 성장한 제우스는 아버지를 몰아내고 지배자가 됐으며, 동생들을 토해내게 한 다음 저승이나 바다 등에 대한 권리를 넘겨주었다. 다시 말해 제우스는 반역 자체는 아버지의 선례를 참고하여 성공했지만, 이후 독재가 아니라 분권정치를 실시함으로써 자신의 안전을 보장받았다. 그 뒤 몇 차례 처절한 전쟁을 치르기는 했으나 제우스를 주신으로 하는 올림포스의 신들이 지위를 확고히 한 것도 그 덕분이다.

그런데 이런 격변 속에서 상처받지 않고 살아남은 여신이 있었다. 행운을 주관하는 '튀케'였다. 그리스에서 튀케는 운명과 행운을 담당하는 여신으로서 사람들의 존경을 받았다. 어떤 일의 성사에 대한 자신이 없을 때 튀케의 이름이 곧잘 불렸고, 튀케는 기분 좋을 때면

인간의 소원을 들어주었다.

고대 로마인도 운명이 얼마나 중요한지 잘 알고 있었기에 (튀케의 다른 이름인) 포르투나(Fortuna)를 숭배했다. 로마의 동쪽에 거대한 신전을 세워 전투의 승리를 기원하는가 하면, 알 수 없는 미래에 대해 간절한 행운을 빌기도 했다. 요컨대 로마인들에게 있어서 포르투나 여신은 좋은 운명의 상징이었던 것이다.

튀케 그리스에서 숭배된 행운의 여신. 한 손에 아들이자 부(富)의 상징인 푸루토우스를 들고 있고, 더불어 갖가지 과일을 갖고 있다.

그렇다면 좋은 운명이란 어떤 것일까? 고대인들에게 있어 가장 큰 희망은 넉넉한 식량이었으므로 당연히 많은 곡식이나 가축의 다산이 곧 행운으로 여겨졌다. 따라서 포르투나는 모든 것을 불어나게 만드는 힘을 가진 존재로 모셔졌고, 포르투나가 약간의 은혜만 베풀어도 곡식창고든 가축우리든간에 가득 넘쳐나게 된다고 믿어졌다.

그렇지만 로마인들은 행운이 한 사람의 독차지가 아니라고 생각했다. 그것은 아마도 민주사회를 꿈꾸었던 그리스인들의 평등관념에서 비롯된 것으로 보인다. 그리스인들은 뒤케의 활동이 겉으로는 나타나지 않지만 어떤 사람은 성공시키고 어떤 사람은 실의에 빠뜨린다고 생각했는데, 이 또한 행운이란 한쪽에만 치우치지 않는다고 생각했기 때문인 듯하다.

그래서 로마인들은 해마다 한 차례씩 1월에 거행된 포르투나 축제에 노예도 참여시켰다. 이 축제는 노예와 자유민이 함께 참가할 수 있었던 얼마 되지 않는 축제들 가운데 하나였다. 일반적으로 노예나 죄수들이 종교적인 행사에 우연히 참가하기만 해도 행사를 더럽힌다고 생각했으므로, 축제가 시작되기 전에 노예와 죄수는 모두 제외시키게끔 되어 있었다. 그런 점에서 포르투나는 신분을 가리지 않고 찾아오는 기회의 여신이기도 했다.

포르투나는 중세에도 '행운의 수레바퀴'로서 널리 사랑을 받고 또 생존했다. 여기서의 '수레바퀴'는 회전하면서 어느 곳에 멈출지 모르는 기회의 우연성을 상징한다. '행운의 절정에'라는 뜻의 영어 숙어 'at the top of Fortune's wheel'(직역하면 '행운의 바퀴 꼭대기에')은 여기에서 비롯된 것으로서, 행운과 기회의 함수관계를 보여주는 말이다. 지금도 미국 TV방송국에서는 수레바퀴 모양의 원판을 돌리고 구슬을 떨어뜨려 행운의 상품을 주는 프로그램을 방영하고 있고, 비슷한 방식으로 로또 복권을 추첨하고 있다. 이 또한 포르투나의 문화유산인 셈이다.

포르투나는 중세시대를 거쳐 '행운'을 뜻하는 영어 '포춘(fortune)'의 어원이 되었다. fortune는 '우연'이라는 뜻의 라틴어 fors에서 유래됐다고도 하는데, 어느 설이 옳든 간에 포르투나는 '기회'를 인격

화한 여신임은 분명하다.

　그랬다. 서양인들에게 있어 행운의 시작은 '기회'였고, 완성은 '늘어남'이었던 것이다. 쉽게 말해 기회를 움켜쥐는 자가 행운을 얻는 자일지니, "행운의 여신은 용기있는 자를 좋아한다"(Fortune favors the brave)는 속담은 그런 통념에서 생겼다.

　또한 '기회'는 재산과도 같은 의미로 통하기도 했다. 로마 사람들은 매년 포르투나 축제일(8월 17일)이 다가오면 다투어 문 열쇠를 불속에 던졌다. 불행이 들어오는 것을 막기 위해 '소유'를 상징하는 열쇠를 정화하는, 일종의 액막이 행위였던 것이다. 고어 영어 fortune은 중세 때 '재산이 있는 여자'를 뜻했는데, 이는 행운을 곧 재물과 동일시했음을 나타낸다.

　로마의 이런 풍속은 부자들만이 가질 수 있는 부귀의 상징 열쇠에 '기회'의 의미를 추가하여 '행운의 열쇠'를 낳기에 이르렀다. 그러하기에 오늘날 귀빈에게 주는 '행운의 열쇠'는 "행운을 만날 수 있는 기회를 당신에게 드리니 당신은 그것을 가지기 바란다"라는 의미를 담고 있다.

　정리하자면, 행운은 우연히 다가오는 기회를 꼭 움켜쥐는 것이지, 도박을 통해 손에 넣는 횡재가 아닌 것이다.

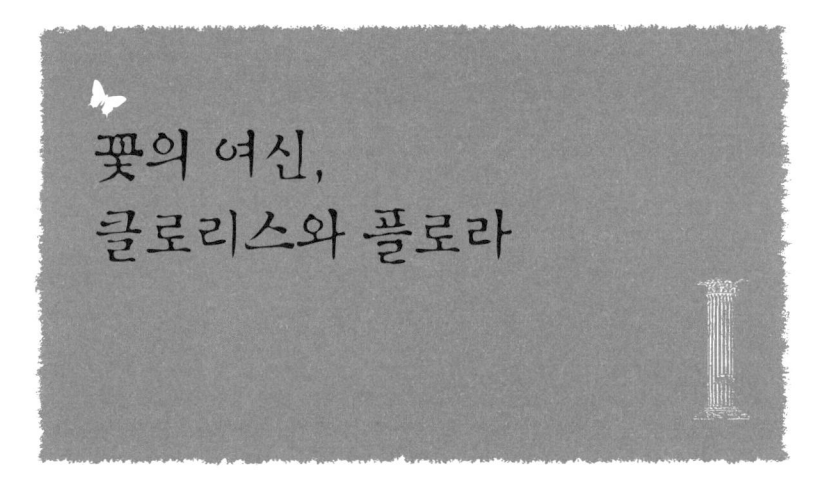

꽃의 여신,
클로리스와 플로라

장미는 많은 사람들이 좋아하는 꽃이며, 특히 젊은 연인들 사이에는 '정열적인 사랑'을 의미하는 꽃으로 통한다. 장미는 모양이 예쁠 뿐만 아니라 색깔이 화려하고 다양한데, 유독 파란색 장미만은 없다. 왜 그럴까?

그 유래는 로마 신화에 전해온다. 로마 신화에서 꽃의 여신 플로라는 숲의 요정 님프를 무척 사랑하였다. 님프가 죽자, 플로라는 신들의 집회소인 올림피아에 가서 이 시체를 모든 꽃들이 우러러보는 영원한 꽃으로 부활하게 해달라고 애원했다. 플로라의 애원이 너무나도 간절하기에 아폴로 신은 생명의 빛을 내려 꽃으로 되살려 주었다. 이때 비너스 신은 아름다움을, 바커스 신은 향기를, 그리고 플로라

신은 붉은 꽃 빛깔을 내렸다. 그리하여 숲의 요정은 장미로 다시 태어났다.

그런데 꽃 빛깔을 정할 때 플로라는 차갑고 죽음을 암시하는 파란 빛만은 내리지 않았다. 두 번 다시 이별을 원치 않았기 때문이다. 바꿔 말해 '영원한 사랑'을 강조하기 위해서 파란색을 피하여 붉은색을 준 것이다. 순결의 백장미와 정열의 붉은 장미는 많아도 파란 장미가 없는 이유는 여기에 있으며, 장미가 '사랑'을 상징하는 것도 이 신화에 연유한다.

꽃을 뜻하는 영어 'flower'의 어원이 된 플로라(Flora)는 고대 그리스의 클로리스(Chloris)와 같은 성격의 여신이다. 클로리스는 본디 들판에서 자유롭게 살았다. 그런데 어느 날 서풍(西風)의 신 제피로스(Zephyrus)가 클로리스의 아름다움에 반한 나머지 강제로 납치하여 가두어 버렸다. 그리고는 자기의 사랑을 받아달라고 부탁했다.

그러나 느닷없는 유괴에 분노한 클로리스는 제피로스의 얼굴도 쳐다보지 않은 채 싸늘하게 돌아앉았다. 그러자 당황한 제피로스는 클로리스의 환심을 사기 위해 꽃에 대한 모든 지배권을 주면서 자기의 진실한 사랑이라는 말을 덧붙였다. 이때부터 클로리스는 꽃을 만드는 능력을 갖게 됐으며, 이후 남성이 여성에게 구혼할 때 꽃을 바치는 풍습이 생기기에 이르렀다.

여신의 마음을 사로잡는 도구가 하필이면 왜 꽃이었을까?

꽃은 인류 문명의 시작을 알리는 상징이었다. 북쪽에서 남쪽으로 내려와 자리를 잡은 그리스의 아테네인들은 따뜻한 기후와 풍요로

보티첼리의 '봄' 바람을 힘껏 부는 남자는 봄을 알리는 서풍 제피로스이며, 그 옆은 그리스 신화에 나오는 꽃의 여신 클로리스이고, 꽃무늬 드레스를 입은 여인은 로마 신화에 나오는 꽃의 여신 플로라이다.

운 먹을거리에 만족해 하며 비로소 '배부른 자의 여유'를 느꼈다. 산들거리는 하늬바람과 들판에 화사하게 핀 꽃들은 행복 그 자체였다.

북풍이 매섭고 찬바람이라면 서풍은 부드럽고 따뜻한 바람이었다. 때문에 아테네인들은 봄에 불어오는 서풍을 생명을 가져다주는 운반자로 생각했고, 꽃을 행복의 절정으로 여겼다. 다시 말해 그리스인들은 일정한 문명을 이루고 사는 자신들의 세계를 지상의 낙원으로 여기면서 북쪽 야만인들과의 차별성을 꽃으로 내세웠던 것이다.

선물로서의 꽃은 무슨 뜻일까?

꽃이 가득 핀 벌판은 생각만 해도 평화스럽고 아름다운 공간이다. 흔히 천국을 상상할 때 꽃이 만발한 풍경으로 묘사하는 것도 그 때문이다. 꽃을 선물하는 이유는 바로 거기에 있다. '여성에게 건네주는 꽃'은 "꽃밭처럼 행복한 상태로서의 인생을 안겨주겠다"는 뜻인 것이다.

그렇다고 그리스 여성이 수동적 운명에 싸여 지내지는 않았다. 그리스 시대에는 여성의 인권이 어느 정도 보장되어 있었는데, 클로리스의 능력에도 그런 면모가 담겨 있다. 예컨대 헤라의 헤파이스토스 출산이 그것이다.

제우스가 아테나를 머리로 낳자, 그에 분노한 헤라는 그에 맞서는 능력을 보여주기 위해 클로리스에게 도움을 청했다. 헤라는 남자의 힘을 빌리지 않고 자식을 낳고 싶다고 말했고, 클로리스는 자궁에 닿기만 해도 임신할 수 있는 꽃을 주었다. 그 결과 헤라는 대장장이의 신 헤파이스토스를 낳았다. 헤파이스토스가 도구와 무기를 만드는 신이 된 것은 '생산'의 상징성과 이어져 있는 자연스런 일이다.

클로리스가 그리스 신화에서 두드러진 활약을 한 것은 그다지 많지 않다. 하지만 헤라를 도와준 그 사건은 요즘의 대리 출산이나 시험관 아

꽃을 따는 플로라 고대 로마인이 숭상한 꽃과 풍요의 여신 플로라. 프레스코 벽화.

기 따위의 인공적 출산을 예언하는 것 같아 놀랍기도 하다.

클로리스는 로마 시대에 이르러 플로라라는 이름으로 다시 탄생했다. 또한 이름만 바뀐 게 아니라 성격도 다소 달라졌다. 화관을 쓰고 돌아다니기 좋아하고 꽃잎을 길거리에 뿌리는가 하면 밝게 떠들고 웃기를 즐겼다. 한마디로 황홀함에 젖은 채 본능을 발산하며 행복하게 지내는 생활이었다.

플로라의 이런 모습은 위엄과 권위를 강조하는 대개의 신들과는 다른 모습이었다. 로마인들은 플로라에게서 매춘으로 상징되는 타락을 맛보는 동시에 순수한 감흥을 불러일으키는 예술을 동시에 느꼈다.

그러했기에 고대 로마에서는 해마다 봄이 오면 꽃의 여신 플로라를 추앙하는 축제를 열어 따뜻한 계절의 시작을 마음껏 즐겼다. 젊은 남녀가 자유롭게 만나 춤추고 사랑하는 이 축제의 이름은 플로라리아(Floralia)였으며, 번영의 축제로 이름 높았다.

이 축제는 또한 본능을 발산하는 관능적 축제이기도 했다. 한바탕 축제가 끝나면 갑자기 높아진 출산율이 그 분위기를 짐작케 했다.

꽃의 여신에 대한 관심은 로마 멸망과 더불어 중세에 잠잠하다가 르네상스 시대에 다시 부활하였다. 많은 예술가들이 플로라를 찬양했고, 화가들이 작품에 등장시켰다. 보티첼리는 그 대표적인 작가로서 명작 '봄'과 '비너스의 탄생'을 통해 여신의 아름다운 관능미를 보여주었다.

오늘날에도 서양인들은 꽃을 행복한 세계의 상징으로 여기고 있다. 꽃이 많은 공간을 우리는 '꽃밭'이라고 표현하지만, 서양인들은

'flower bed'(꽃 침대)라고 하며, (예술 운동 등의) 전성기를 'flowering'이라고 말한다. 그런가하면 결혼식에서 축복의 상징으로 꽃을 든 소녀를 가리켜 'flower girl'이라고 한다. 언제까지나 꽃은 아름다운 행복인 것이다.

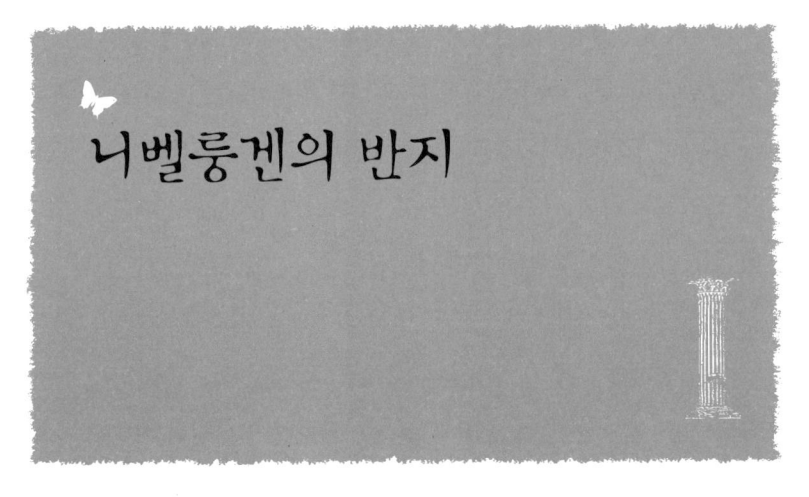

니벨룽겐의 반지

　　　　　　　　　수천년 전 북유럽에는 여러 게르
만 부족들이 여기저기 떠돌아다니며 살았다. 그 과정에서 많은 전설
이 생겼으며, 서기 1천년쯤 『에다』(Edda)라는 아이슬란드어 책 속에
신화가 처음 기록되었다.

　『에다』는 신들과 세상의 시작에 대해 말해주고 있는데, 그에 따르
면 태초에 오딘이 에이시어라는 여러 신들의 도움을 받아, 위미어가
이끄는 지옥의 거인들과 싸웠다. 싸움은 오딘의 승리로 끝났고, 위미
어의 육체는 지구를 만드는데 사용되었다. 오딘은 위미어의 피로 바
다를 만들고, 뼈로 산을 만들고, 머리칼은 나무를 만드는데 쓰고, 뇌
는 구름을 만드는데 썼다. 오딘은 위미어의 흔적을 완전히 없애버린

뒤 흐뭇해 했다.

하지만 아니었다. 위미어의 살에서 난장이들이 태어났으며, 그 난장이들은 지옥을 지배했다. 그들은 니벨룽겐이라고 불렸고, 니벨룽겐의 왕인 안드바리는 황금과 특별한 반지를 가지고 있었다. 그 반지는 끝없는 재물과 권력을 만들어주는 마법의 반지였다. 때문에 안드바리는 반지를 아주 소중하게 지켰다.

무언가를 지키는 자가 있으면 엿보거나 뺏는 자가 생기는 법. 자신에게는 별다른 필요가 없으면서도 호기심 때문에 기웃거리는 이가 있었다. 사고뭉치 신 로키였다. 로키는 간사하고 잔인한 성격으로 엉뚱한 일을 벌이기 일쑤였는데, 난장이 흐레이드마의 세 아들 중 한 명을 죽이는 사고를 쳤다. 로키는 그 죄를 갚기 위해 안드바리의 황금과 반지를 훔쳐 흐레이드마에게 줬다.

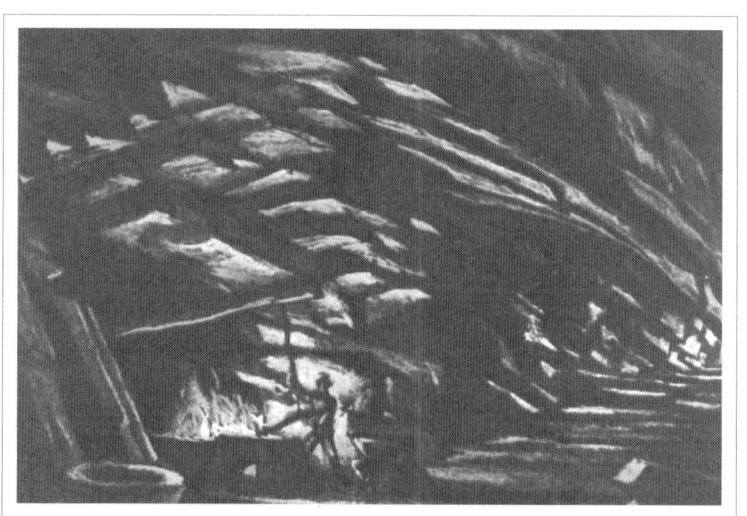

오페라 〈니벨룽겐의 반지〉 중 한 장면 둥근 불꽃의 위험을 무릅쓰고 갑옷 입은 이를 구하는 장면이다.

황금과 반지를 잃은 안드바리는 크게 분노하여 황금을 소유하는 사람에게 파멸이 있도록 저주를 내렸다.

잃은 자가 울면 얻은 자가 웃는 것이 세상 이치이고, 사랑 대신 얻은 물욕은 이내 허망해지는 법이다. 저주의 효력 때문인지 두 아들(레긴과 파프니어)이 아버지에게 황금을 나눠달라고 요구했다. 이때 물질적 욕망이 흐레이드마의 눈을 가려 단호히 거절했다.

하지만 욕망에 젖은 모습이 상대의 욕망을 더욱 자극한다는 사실을 흐레이드마는 몰랐다. 거절당한 파프니어는 아버지를 죽이고 형을 몰아냈다. (아버지에게 배운 대로) 모든 금을 혼자 차지하기 위해서였다.

그렇지만 파프니어 역시 절제를 배우지 못하면 욕망의 화신이 된다는 사실을 몰랐다. 또한 빼앗은 권력은 긴장과 불안함을 동반한다는 사실도 몰랐다. 누군가에게 황금을 뺏길까 두려워 한 파프니어는 스스로 무서운 용으로 둔갑했다.

한편 동생에게 쫓겨난 레긴은 숨어살면서 복수를 꿈꾸었다. 레긴은 용감한 족장 지그문트의 아들 지거드의 가정교사로 있으면서 장차 지거드를 이용하여 자기 목적을 달성하고자 했다. 레긴은 부서진 마법의 칼을 이어붙인 다음 강한 투사로 성장한 지거드에게 주면서 용을 죽이고 보물을 나눠 갖자고 제안했다.

지거드는 기꺼이 그 제안을 받아들여 길을 떠났고, 마법의 칼로 용을 죽이는데 성공했다. 그리고 레긴이 시키는 대로 용의 심장을 도려내어 구웠다. 심장이 다 익었는지 집어보다가 손가락을 데자 아픔을 덜기 위해 입에 넣었다. 자연스레 용의 피가 몸에 들어갔고 덕분에

영화 〈반지전쟁〉 포스터 둥근 반지는 권력의 순환을 암시
적으로 상징하고 있다.

지거드는 갑자기 새들의 말을 알 수 있게 되었다.

지거드는 새들의 말을 통해 레긴이 자기를 죽이고 황금을 독차지
하려 한다는 사실과, 또 용의 피로 목욕하면 절대로 상처를 입지 않
는다는 사실도 알았다. 지거드는 온 몸에 용의 피를 발랐으나, 한쪽
어깨에 작은 나뭇잎이 하나 떨어진 것을 몰랐다.

어찌됐든 지거드는 결국 레긴을 죽이고 황금과 반지를 얻었으며,
그에 만족하지 않고 새로운 모험을 찾아 나섰다.

지거드는 어느 날 높이 솟은 산꼭대기에서 밝은 불꽃이 하늘로 치
솟고 있는 것을 보았다. 올라가보니 무서운 불꽃이 둥근 반지 모양으
로 타오르고 있었고, 그 뒤에는 방패를 고리 모양으로 놓고 그 한 가
운데 갑옷을 입은 투사가 자고 있었다. 지거드가 불꽃을 뚫고 들어가
잠자는 투사의 투구를 벗기자 남자가 아니라 아름다운 처녀의 얼굴
이었다.

잠이 깬 처녀는 자신을 발퀴리(중간계)인 브륀힐데라고 밝히면서 오딘의 명령을 거부했기 때문에 미움을 받아 고리 모양의 불 속에서 잠을 자게 됐다고 했다. 오직 불꽃의 위험을 무릅쓰고 뛰어든 용감한 영웅만이 그녀를 구해줄 수 있었다. 지거드는 그녀를 사랑하게 됐고, 이 사랑 때문에 브륀힐데는 발퀴리에서 인간의 여자가 되었다.

이 전설은 지거드와 브륀힐데의 결혼으로 끝난다.

『에다』는 단순한 관념적 이야기가 아니라 고대인이 지향하는 세계를 반영하고 있다. 핏줄조차 가리지 않고 냉혹하게 제거한 것은 당시의 사회 분위기를 일러주며, 황금과 둥근 반지는 한 사람에게 머물지 않고 순환되는 권력의 속성을 말해주고 있다. 그뿐이 아니다. 목욕했지만 실수로 남은 지거드의 육체적 약점은 아무리 강한 권력자라 할지라도 반드시 치명적 약점이 있음을 일깨워주고 있으며, 새들의 지저귐은 비밀이란 근본적으로 지켜지기 힘들다는 점을 일러주고 있다.

그렇다면 고대인들의 궁극적 행복은 무엇인가? 그것은 가정이었다. 사랑하는 사람과 더불어 사는 정겨운 삶이야말로 영웅이든 서민이든 추구하는 진정한 행복이었다. 전설의 마무리가 '결혼'으로 설정되는 이유도 바로 거기에 있다.

신화는 사회환경에 의해 때로 달라진다. 13세기 독일의 한 시인이 이 전설을 바탕으로 「니벨룽겐의 노래」를 만들면서 계교에 의해 지그프리트(지거드의 다른 이름)와 브륀힐데가 비극적 최후를 맞이하게 이야기한 것은 음모가 난무하던 시대 분위기와 밀접한 관련이 있다.

또한 19세기 독일 작곡가 바그너가 발표한 「니벨룽겐의 반지」는 혼탁한 사회를 신이 구원해주기 바라는 마음을 표현한 것이고, 20세기 영국 소설가 톨킨이 쓴 「반지전쟁」은 냉전체제에 대한 반성에서 선악(善惡) 대결로 묘사한 것이다.

　그러나 어느 경우든 변하지 않은 내용이 있다. 지나친 물질적 욕망이 불행의 씨앗이라는 점이다. 돈의 위력이 갈수록 높아가는 요즈음 한번 생각해 볼 일이다. 지혜는 항상 근처에 있을지니······.

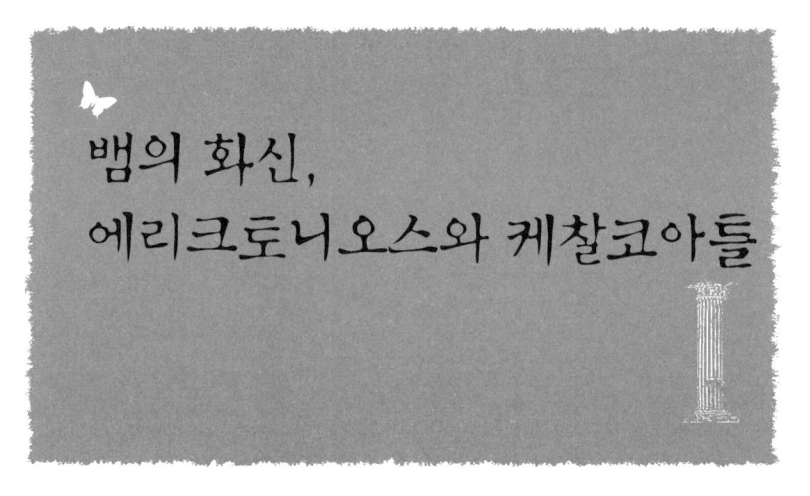

뱀의 화신,
에리크토니오스와 케찰코아틀

그리스 신화에 등장하는 대장장이의 신 헤파이스토스는 능력은 뛰어나지만 못생긴 외모와 순진한 성격으로 인해 여신들에게 인기가 없었다. 바다의 신 포세이돈은 그런 헤파이스토스를 골려주고자 전쟁의 신 파르테노스(처녀)가 좋아한다고 거짓말을 했다. 헤파이스토스는 그 말을 듣자마자 흥분하여 파르테노스를 찾아가 뒤에서 달려들었다. 그때 파르테노스가 몸을 피하는 바람에 헤파이스토스는 여신의 허벅지에 사정하고는 달아났다. 여신은 언짢은 마음에 땅바닥에 있는 양털로 닦은 다음 내버렸다.

땅의 여신 가이아가 그것을 거두어 새로운 생명을 탄생시켰다. 상체는 사람의 모습이었지만 허리 아래로는 뱀의 형상을 한 에리크토

니오스(양털땅)였다. 그 기괴한 모습 때문인지 헤파이스토스는 자기 자식으로 인정하지 않았고, 할 수 없이 파르테노스는 아티카의 왕 케크롭스를 찾아가 양육을 부탁했다.

케크롭스 역시 상체는 사람이지만 허리 아래는 뱀의 모습인지라 같은 처지인 에리크토니오스를 받아들였으며, 에리코트니오스는 성장하여 아테네의 왕이 되었다. 인간은 그렇게 뱀의 성질을 띤 생명으로 시작되었다.

뱀의 신화는 그리스에만 있는 것이 아니다. 고대 중국 신화에 따르면 세상에 처음 등장한 생명체는 복희씨와 여와씨였는데, 뱀의 몸뚱이에 사람 얼굴을 하고 있었다. 이들은 온전한 사람의 모습은 아니었지만 성인의 덕을 지니고 있었으며, 천지개벽을 하고 문화 창조를 함으로써 인류에게 세상의 주도권을 안겨주었다.

그런데 왜 하필이면 뱀이 사람의 생명과 밀접한 관련이 있을까?

모든 생물은 사랑함으로써 번식하며 자신의 분신을 세상에 남기려는 욕망을 갖고 있다. 그러기 위해 외모가 잘났으면 외모로 유혹하고, 못났으면 능력이나 품성으로 저마다 자신의 짝에게 다가선다. 이도저도 안되면 폭력을 쓰거나 교묘한 술수를 써서 뜻한 바 목적을 이루려 하기도 한다. 어떤 형태로든 경쟁자와의 대결에서 승리해야 사랑할 수 있는 것이다. 그런 점에서 사랑은 전쟁이며, 인간의 운명도 전쟁 속에 들어 있다.

흥미롭게도 고대 그리스인들이나 고대 중국인들은 원초적인 생명의 움직임을 땅에서 솟아나와 꿈틀거리며 기어다니는 다리 없는 생명체로 여겼다. 그리고 그런 동물 중에서 머리를 써서 다른 동물들을 누르고 가장 강한 존재가 된 존재를 뱀이라고 생각했다. 다시 말해 뱀은 흙에서 태어난 동물 중에서 경쟁력을 강화하여 승자가 된 동물의 왕이었으니, 그리스 신화에 나오는 케크롭스(Kekrops)는 그리스어로 '뱀'이라는 뜻이다.

이집트 파라오의 뱀 농경민족이 모신 뱀은 풍요와 평화의 상징이다.

　이런 개성 덕분에 초창기에 뱀은 인류에게 두려우면서도 배울 점 많은 동물로 상징됐으며, 이집트를 비롯한 많은 문화권에서 신으로 모셔졌다.

　이처럼 뱀이 긍정적 대우를 받은 이유는 무엇일까? 사실 뱀이 신성하게 여겨진 이유는 허물에 있다. 성장할 때마다 벗는 허물은 마치 생명이 계속 이어지는 것처럼 보이는 까닭에 영원한 생명을 누리는 존재로 각별한 평가를 받은 것이다.

　그러나 더 실제적인 이유는 따로 있으니 바로 '물'이다. 뱀은 물과 그늘을 좋아하는데, 물은 인간에게도 반드시 필요한 생명원이다. 주지하다시피 인류 초기 문명은 모두 강가에서 시작되었다. 풍부한 물 덕분에 농사를 지을 수 있었고, 식량 걱정을 하지 않아도 됐기 때문이다.

더구나 뱀은 특별한 위험이 없는 한 사람을 먼저 공격하지 않는다. 적어도 인간에게는 피동적 위험을 지닌 평화의 동물이었던 것이다. 그러므로 뱀이 농경사회의 풍요와 평화를 상징하는 동물로 여겨진 것은 자연스런 일이었다.

그렇다면 어찌하여 뱀은 인간이 가장 싫어하는 동물이 됐을까? 대표적인 예로 구약성서에서는 아담과 이브에게 금단의 열매를 따먹으라고 부추긴 사악한 동물로 등장하고 있다.

결론부터 말하자면 그것은 농경민족에 대한 유목민족의 승리에서 나타난 변화였다. 한곳에 정착하여 살기보다는 가축을 이동시키며 키우거나 남의 것을 가로채는 유목민족이 우세한 기동력을 발휘하여 농경민족을 제압함으로써 '물의 평화'는 깨지고 만 것이다.

케찰코아틀 톨텍족이 모신 신으로, 과일과 꽃을 제물로 받기를 좋아했다.

이것은 또한 탐욕의 시대가 도래했음을 의미했다.

멕시코에 전해오는 신화는 그런 면모를 잘 설명해 주고 있다. 오래 전에 멕시코 계곡에 평화롭게 살던 톨텍족은 자연과 예술을 사랑하고 건축기술이 뛰어난 민족이었다. 그들이 섬긴 케찰코아틀은 날개 달린 뱀의 형상을 하였으며, 피 흘리는 제물을 싫어한 착한 신으로 톨텍족에게 여러 기술을 알려주고 행복한 삶을 보장해 주었다.

그런데 케찰코아틀을 시기하는 무리가 있었다. 이웃 민족의 신들이었다. 그들은 음모를 세운 다음 케찰코아틀을 잔치에 초대했으며, 용설란 술로 잔뜩 취하게 만들었다. 순진한 케찰코아틀은 술에 취한 나머지 이성을 잃은 모습을 보여주었고, 다음날 큰 부끄러움을 느끼게 되었다.

결국 케찰코아틀은 "턱수염 난 백인으로 돌아오겠노라"는 말을 남긴 채 톨텍족을 떠나 동쪽 바다로 가버리고 말았다. 그에 따라 톨텍 문명이 쇠퇴해지고 아즈텍족이 멕시코 계곡의 지배자가 되었다.

아즈텍족은 전쟁의 신 위칠로포치틀리를 섬겼으며, 신의 지시에 따라 독수리가 선인장 위에 앉아 뱀을 부리로 물고 있는 곳까지 이동했다. 마침내 그 장소를 발견한 뒤에는 큰 도시를 건설했다. 아즈텍족이 독수리를 신의 대리인으로 여긴 것은 당연한 일이었다.

아즈텍족은 몇 세기 동안 지배세력으로 살았다. 신에게 산 자의 심장을 도려내어 바치고, 틈날 때마다 피의 축제를 벌이면서 공포의 폭력으로 사람들을 복종시켰다. 적어도 16세기 초까지는 모든 일이 순조로웠다. 그런데 1519년 턱수염 난 백인 몬테주마의 방문을 받으며 급속히 멸망했다. 케찰코아틀이 예언한 신의 환생으로 착각했다가,

황금을 노리는 교활한 약탈자에게 허무하게 패망한 것이다.

요컨대 뱀은 인간에게 '깨달음'의 양면을 일깨워주는 상징이다. 그 깨달음이 '현실 만족'이나 '발전을 위한 지혜'라면 평화를 얻을 것이고, '이익을 위한 음모'라면 전쟁을 부를 것이다.

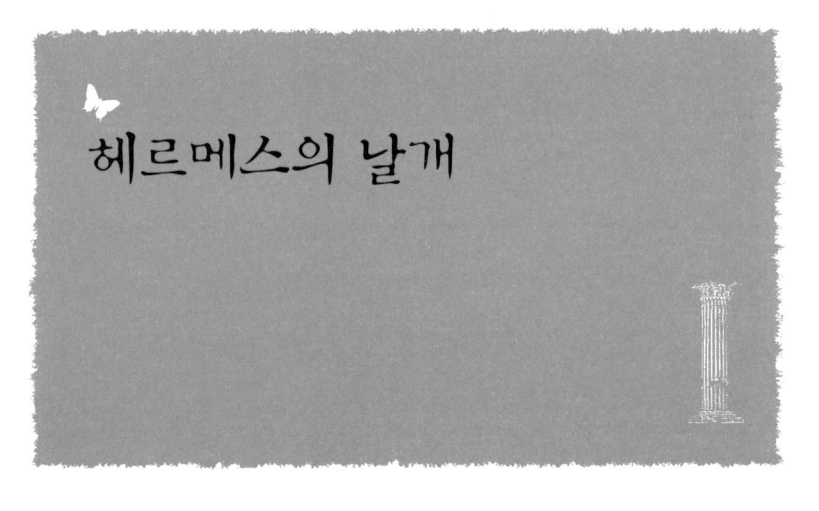

헤르메스의 날개

제우스는 끊임없이 솟아나는 정욕을 채우기 위해 밤낮으로 기회를 살폈다. 그 누구도 어찌할 수 없는 하늘의 제왕이건만 마누라 헤라의 감시가 만만치 않은 까닭이었다. 아니, 어쩌면 헤라의 질투가 제우스의 바람기를 부채질했는지도 모른다. 하지 말라면 더 하고 싶은 게 일반적 심리임을 감안하면 그렇다. 때문에 제우스는 구름으로 슬쩍 하늘을 가리거나 숲속에 숨어서 관계를 가지는 '몰래 사랑'을 즐겼다.

요정 마이아(Maia)와의 하룻밤도 그랬다. 헤라가 잠든 틈을 타서 키레네 산중 동굴로 찾아간 제우스는 행여 들킬세라 재빨리 관계를 맺었다. 이런 운명 탓인가. 제우스의 정기를 받아 새벽에 태어난 헤르

헤르메스 그림 헤르메스는 부지런한 전령의 신이자 행동의 신이다.

메스(Hermes)는 대낮에 벌써 걸어 다닐 수 있었고, 제멋대로 행동하기 시작했다. 남의 물건을 훔치는 것은 예사이고, 거짓말과 음모에도 남다른 술수를 발휘하였다.

그의 교활함은 아폴론의 소를 훔친 사건에서 극명하게 드러난다. 헤르메스는 아폴론의 가축 중에서 50마리의 소를 훔친 다음 증거를 없애기 위해 소의 머리와 발굽을 태우고, 묘하게 생긴 신을 신어 발자국을 따라 좇아오지 못하도록 만들었다.

이 절도사건은 결국 제우스에 의해 밝혀지고, 헤르메스는 궁지에 몰리지만 여기서 또다시 예의 검은 두뇌가 번쩍인다. 헤르메스는 그 이전에 거북의 등껍질을 떼어낸 다음 훔친 소의 창자를 사용하여 일곱 개의 현이 달린 리라를 발명하기도 했는데, 그 리라를 연주하여 아폴론의 환심을 사고 훔친 소 대신에 리라를 주는데 성공한 것이다.

더욱 놀라운 것은 아폴론이 리라와 소를 교환하는 흥정에 동의했을 때 아폴론이 한눈을 파는 사이에 훔친 화살과 화살통까지 돌려줌으로써 묘한 방법으로 생색을 냈다는 점이다.

하지만 헤르메스는 신들로부터 미움을 받기보다는 적당한 거리를 두고 공생하는 관계였다. 왜냐하면 그는 자유롭게 돌아다니면서 신들에게 부탁받은 소식을 상대에게 전해주는가 하면, 이승에서 저승으로 가는 사람들에게 길 안내를 해주었기 때문이다. 한 마디로 가려운 데를 알아서 긁어주는 격이었다.

그런데 피는 못 속이는 법! 헤르메스는 욕망에 있어서도 자유를 꿈꾸었으며 아버지 못지않게 많은 여신이나 요정들과 관계를 맺었다. 이때에도 헤르메스는 도둑질과 음모를 이용하여 목적을 이루곤 했다. 예컨대 아프로디테를 유혹할 때에는 훔친 황금 샌들을 돌려받으려면 자기와 정을 통해야 한다고 말함으로써 억지로나마 관계를 맺는데 성공했다.

이처럼 뻔뻔하고 야비한 헤르메스가 어찌하여 신의 반열에 오른 것일까? 헤르메스는 상업시대의 등장과 함께 탄생한 인간적 신이었다.

재물이라는 개념이 생기고, 부의 축적도 이루어지면서 동시에 쉽게 재물을 빼앗으려는 부류가 등장했으니 바로 도둑이었다. 그런데

고대의 도둑은 집에 몰래 들어가 물건을 훔치기보다는 다른 곳으로 장사하러 가는 상인이나 여행자를 대상으로 한 노상강도가 더 많았다. 그게 더 실속이 있었던 까닭이다.

이들 도둑은 어딘가에 숨어서 기다렸다가 바람처럼 나타나 물건을 빼앗은 다음 재빨리 사라지기 일쑤였으며, 육지든 바다든 가리지 않고 출몰했다. 헤르메스는 도둑질의 전성시대를 알리는 상징이자 강자의 노략질을 합리화하는 신이었던 것이다.

그러나 세상에는 영원한 강자가 없고 뛰는 놈 위에 나는 놈이 있다. 다시 말해 힘으로 남의 것을 빼앗는 도둑보다 더 무서운 도둑이 있었으니, 바로 사기꾼이었다. 이들은 교활한 방법으로 남의 재물을 가로챘으며 남의 것으로 한껏 멋을 부리며 살아갔다.

이런 사기꾼의 행태는 무역이나 교류가 활성화되면서 성행했고, 헤르메스의 신화에 그대로 반영되었다. 헤르메스가 도둑의 신이자 상인의 신으로 추앙받는 이유가 여기에 있다.

헤르메스는 날개 달린 신발과 날개 달린 작은 가죽 투구 모자를 쓰고 다닌다. 여기서 날개는 바람과 같은 자유로움을 상징하며, 신발은 행동을, 모자는 권위를 상징한다.

무언가를 얻으려면 움직여야 하고, 발은 그 움직임의 주체이다. 그러하기에 신발은 행위와 현실을 상징한다. 이에 비해 모자는 키가 커 보이게 만드는 효과를 줄 뿐만 아니라 움직이지 않아도 되는 높은 권위를 상징한다. 또한 모자는 두뇌를 보호하는 의복으로 생각을 상징하기도 한다.

그렇다면 신발과 모자에 왜 날개가 달려 있을까?

그것은 더 많은 노력과 더 많은 생각을 하면 원하는 것을 얻을 수 있음을 상징한다. 헤르메스의 날개 없는 신발이 마음대로 움직이지 못하는 무능력이듯 노력 없는 욕망은 아무 것도 얻을 수 없음을 뜻하고, 상상력이 없는 빈곤한 두뇌는 경쟁력 없는 낙오자인 것이다.

헤르메스 얼굴　날개 달린 모자는 자유와 권위를 상징한다.

이런 관점에서 그리스 신화는 사기꾼의 술수가 얼마나 치밀한 것인지를 신의 입장에서 보여줌으로써 그것 또한 능력임을 일깨워주고 있다.

헤르메스는 뱀 두 마리가 엉켜있는 지팡이를 갖고 다니는데, 여기서 지팡이는 신의 능력이 가득한 권위의 상징이자 서로 균형을 이루며 대치하는 공존의 평화를 상징한다. 아폴론으로부터 선물받은 지팡이는 목축을 업으로 하는 사람들의 도구이기도 하므로 방어의 의미도 있다.

헤르메스는 여행자의 신으로도 그리스·로마인들로부터 숭배되었는데, 이는 헤르메스가 길가의 돌들을 깨끗이 치워준다는 믿음 때문이었다. 하여 그리스·로마인들은 헤르메스의 얼굴을 새긴 돌을 이정표로 곳곳에 세웠는데, 세월이 흐르면서 이 이정표는 발기한 상태의 남성 성기 모양으로 변했다. 남성우월주의 문화에 따른 남근 숭배가 스며들어 아들을 기원하는 주술신앙으로 변질된 것이다.

한편, 프랑스의 유명한 가죽제품 브랜드 '에르메스'는 그리스 신화와 아무 관계가 없다. Hermes 철자 자체는 똑같지만 19세기 중엽 유럽에서 솜씨 좋은 갖바치로 소문났던 창업자 파리에 티에르 에르메스의 이름일 뿐이다.

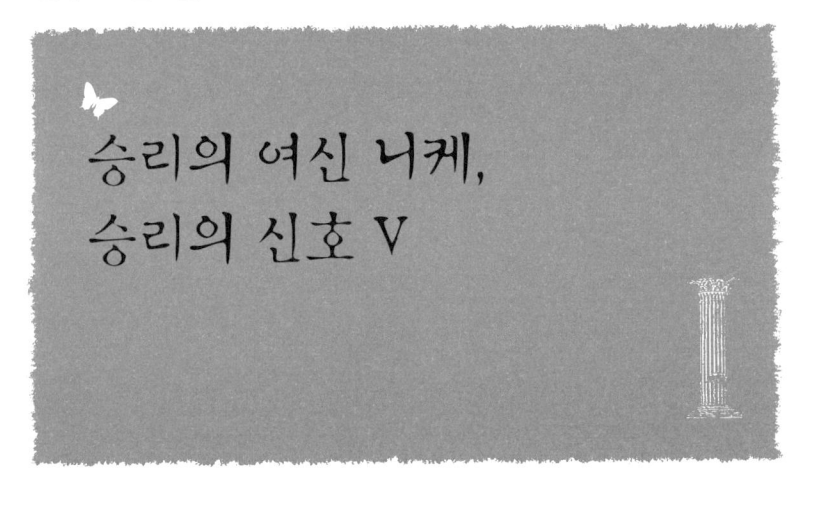

승리의 여신 니케,
승리의 신호 V

운동경기를 방송으로 중계할 때 스포츠캐스터나 해설가가 종종 하는 말이 있다. "오늘은 승리의 여신이 A팀의 팔을 들어주는군요." 그런가하면 신문의 스포츠 기사에도 '승리의 여신'이라는 단어가 수시로 등장한다.

스포츠는 분명 남성적 느낌이 강한 분야이며 육체적 능력이 절대적으로 강조된다. 오랫동안 스포츠를 즐긴 이는 남성이었고, 현대 스포츠에서도 남성 경기가 훨씬 인기가 높다. 그런데 왜 그런 스포츠에서 승리를 좌우하는 신의 성별이 여성일까?

오랜 옛날 저승 앞을 흐르는 강이 있었는데, 그 강을 지키는 여신 스튁스(Styx)가 티탄의 아들인 팔라스와 연애하여 여러 아이를 낳았

다. 젤로스(Zelus), 크라토스(Cratos), 비아(Bia), 니케(Nike)가 그들이다.

이들에게는 저마다 고유한 영역이 주어졌으니 젤로스는 질투, 크라토스는 지배·무적, 비아는 힘·폭력, 니케는 승리를 맡았다. 이들 네 자매는 제우스가 티탄과 싸울 때 제우스의 편을 들었으며, 특히 니케는 큰 공을 세움으로써 이후 제우스로부터 많은 사랑을 받았다.

니케에게는 다른 신들과 달리 날개가 있었는데, 이는 매우 특별한 상징이다. 하늘을 나는 새에게만 달린 날개는 활기찬 움직임과 더불어 자유로운 이동을 의미한다. 따라서 그리스인들은 니케의 조각상을 만들 때 날개 접은 조용한 모습이 아니라 항상 날개를 활짝 편 역동적인 모습으로 표현했다.

대표적인 니케 조각상은 루브르 박물관에 있다. 1863년 그리스 에게해에 있는 사모드라케섬에서 출토된 높이 2m 45cm의 니케는 큰 날개가 매우 인상적이다. 이 조각상은 오른쪽 다리를 크게 앞으로 내밀고 강한 바람을 맞으며 정면을 향해 나가려는 자세를 취하고 있다. 이 조각상은 기원전 190년 로도스섬 사람들이 시리아인들과의 해전에서 승리를 기념하여 여신에게 감사의 뜻으로 세웠다고 전한다.

그렇다면 어찌하여 여신이 승리를 담당하는 것일까?

우선 여신의 등장은 모계사회를 배경으로 하고 있다. 다시 말해 남성 중심의 사회로 넘어가기 이전의 수렵사회에서 남성은 애써 구해 온 식량으로 여성의 마음을 끌려고 노력했는데, 이는 성욕 해결과 더불어 자신의 후손을 남기기 위한 부득이한 일이었다. 여성은 여러 남성 중에서 자신의 마음에 드는 남성을 택하고 그에게 사랑을 베풀어 주면 그만이었다. 이런 상황에서 미인은 경쟁이 치열하게 마련이고,

사모드라케의 니케 조각상 힘찬 모습은 전진을 상 징하고, 날개는 승리를 상징한다.

그럴 때 최종 선택된 남성은 승리자로서의 느낌을 가질 게 틀림없다. 여신이 '승리'를 담당한다는 그리스인들의 믿음은 이런 역사적 배경 에 있는 것이다.

  니케는 그리스어로 '승리'를 뜻하고, 영어로는 '나이키'라고 발음 된다. 그 뜻 때문인지 오늘날 미국인들은 승리의 여신 이름을 여러 제품에 붙여 사용하고 있다. 군사 무기인 대공 미사일 나이키나 운동 용품업체 브랜드 나이키가 그것이다. 미국의 나이키는 역동적인 것을 좋아하는 국민 기질에 잘 들어맞는다고 할 수 있으며, 나이키 브랜드의 성공에는 니케 여신이 자리를 잡고 있다.

1968년부터 일본의 고급 운동화를 수입하여 전국을 돌아다니며 행상하던 필립 나이트와 윌리엄 보어먼은 장사가 잘 되자 회사를 세워 독자적인 브랜드를 내세우기로 결심했다. 그리하여 회사 이름을 짓기 위해 끙끙거린 끝에 그들 중 한 명이 갑자기 소리를 질렀다.

"페르시아에 승리했다는 소식을 전하기 위해 42.195km를 달렸던 그리스 병사가 있잖아! 그 병사가 기도를 올렸다는 승리의 여신 '니케'를 회사 이름으로 하면 어때?"

"그거 좋다. 이왕이면 우리식 발음으로 나이키로 하자."

이들은 회사의 이미지를 위해 상징 마크도 만들기로 결정했다. 하여 미술대학원생에게 부탁해서 단돈 35달러를 주고 V자를 부드럽게 뉘어놓은 것 같은 현재의 마크를 만들었다. 이 마크는 니케 여신의 날개 모습에서 힌트를 얻었다고 하며, 여신의 도움 덕분인지 나이키는 성공가도를 힘차게 달리고 있다.

역사적으로 살펴보면 고대 로마제국과 대영제국도 유난스레 승리의 여신을 좋아했다. 고대 로마는 니케에 해당하는 동격의 신을 빅토리아(Victoria) 혹은 빅토리(Victory)라고 불렀으며, 영국은 19세기에 세계를 호령한 여왕의 이름을 아예 빅토리아라고 불렀다. 힘센 국가가 마음대로 땅을 차지하는 시대에 '해가 지지 않는 제국'을 건설한 영국의 배경에도 '승리의 여신'이 있었던 것이다.

승리 · 우승 · 정복을 뜻하는 영어 단어 victory는 그 와중에서 생겼다. '정복하다'라는 뜻을 가진 라틴어 victoria에서 정복자 · 우승자를 뜻하는 victor가 나왔고, 승리를 의미하는 victory도 나왔다.

승리에 대한 열망은 예나 지금이나 변함이 없다. 다만 그 승리가 어떤 상황에서 작용하느냐만 차이가 있을 뿐이다. 전쟁이 많았던 고대에는 당연히 전쟁의 승리, 스포츠가 활성화된 오늘날에는 스포츠의 승리가 중요시되고 있다.

FIFA 월드컵 트로피는 그 단적인 상징이다. 지금은 도난당해서 볼수 없는 줄리메컵은 승리의 여신(a goddess of Victory)이 8각형 술잔을 받들고 있는 모습이었고, 그 받침대에 우승국 이름 9개를 새겨 넣게되어 있었다.

현재의 월드컵 트로피는 여신 대신에 두 명의 선수가 두 손으로 세계를 떠받들고 있는 모습으로 바뀌었지만, 디자이너 실비오 가자니가는 "승리의 결정적인 순간을 의미한다"라고 말함으로써 승리의 여신 이미지가 간접적으로 작용하고 있음을 인정하고 있다.

그런가하면 승리의 여신 날개는 두 팔 활짝 벌리고 환호하는 몸짓

나이키 마크 승리의 여신 니케의 날개를 간략하게 형상화한 것이다.

을 상징적으로 표현한 것이기도 하다. 축구 경기에서 골을 넣고 기뻐하며 달리고 있는 선수가 두 팔을 활짝 치켜든 것이나, 기쁜 소식을 듣고 자신도 모르는 사이 두 팔을 번쩍 치켜든 모습이 모두 그러하다. 손가락으로 만드는 V 신호는 바로 그 몸짓을 단순화시킨 것이다.

어찌됐든 승리는 기쁘다. 인류 모두 행복한 인생의 승리자가 되면 좋겠다.

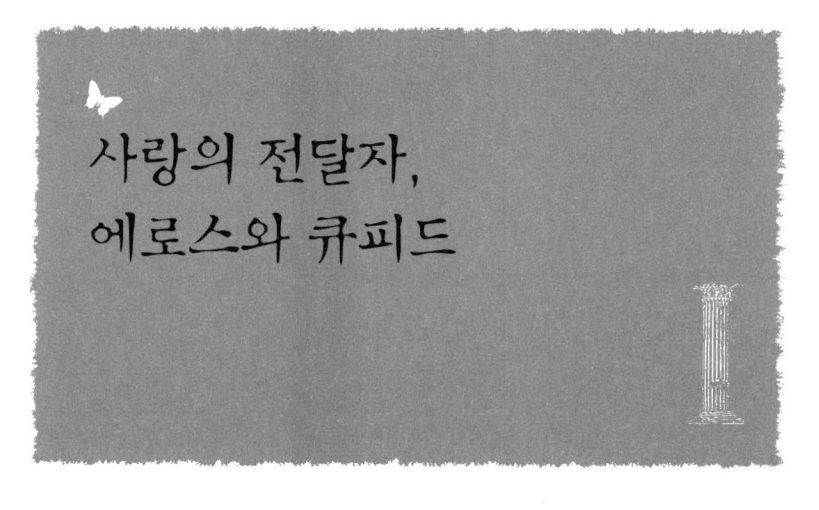

사랑의 전달자, 에로스와 큐피드

　　"큐피드의 화살과 하느님의 은총으로 만났다." 미국의 영화배우 웨슬리 스나입스가 2003년 6월 한국을 방문했을 때 아내와의 만남에 대해 말한 내용이다. 큐피드는 이처럼 사랑의 전달자로서 그 명성이 자자하다. 분명히 '사랑의 여신'은 아프로디테인데도 말이다. 어째서 그럴까?

　　큐피드(Cupid)의 본래 이름은 에로스(Eros)로서 그리스 신화에 등장하는 아프로디테의 아들이다. 로마 신화에서의 이름은 쿠피도(Cupido)이고, 영어식 발음으로는 큐피드라고 한다.

　　결론부터 말하자면 에로스(=큐피드)는 '욕망'을 인격화한 신이다. 욕망은 느닷없이 꿈틀대는 특성이 있는데, 특히 이성에 관한 욕망이

나 성애는 대개 처음 보는 순간 뜨겁게 일어나기 일쑤다. 에로스는 바로 그 특성을 특징적으로 표현한 신인 것이다. 신화를 보자.

그리스 신화에서 에로스는 사랑·미움을 관장하는 아프로디테의 아들로 태어난 까닭에 사랑·미움을 전달할 수 있는 능력을 지니게 됐다. 이때 그 전달방법은 화살이었으니, 활시위의 안쪽으로 잡아당겼다가 그 반동에 의해 날아가는 화살처럼 내 가슴에 들어왔다가 상대에게 더 강하게 되돌아가는 심리적 특성을 반영한 상징이었다.

에로스는 뾰족한 황금빛 금화살과 끝이 무딘 잿빛 납화살을 가지고 다니다가 기분 내키는 대로 화살을 쏘곤 했다. 어머니 아프로디테가 섣부른 장난을 삼가라고 야단치기도 했으나, 두 남녀를 사랑에 빠뜨리거나 다투게 하는 일만큼 재미있는 구경거리는 없었기에 항상

비너스와 큐피드 에로스(큐피드)는 사랑의 신 아프로디테(비너스)의 아들이며, 사랑을 전달하는 일을 맡고 있다.

마음대로 화살을 쏘았다.

한 번은 이런 일도 있었다. 태양의 신 아폴론이 세상에서 가장 활 잘 쏘는 이가 자신이라고 자랑하고 다니자, 그에 불만을 품은 에로스가 어느 날 아폴론에게 연정을 불러일으키는 금화살을 쏘고, 연이어 아름다운 요정 다프네에게는 그 반대로 상대를 미워하게 되는 납화살을 쏘았다. 따라서 아폴론은 화살을 맞은 직후 처음 본 다프네에게 깊은 연정을 느꼈지만 불행하게도 다프네는 상대의 사랑을 뿌리쳐야 했다.

하여 아폴론이 다프네를 쫓으면 다프네는 바람보다도 빨리 도망가는 일이 거듭되었고, 급기야 다프네는 강물 근처에서 강물의 신 페네우스에게 자기를 숨겨달라고 간청하여 월계수가 되고 말았다. 그렇지만 아폴론은 월계수로 변해 버린 다프네에게 키스하고 그 잎을 따서 자기 머리 위에 올려놓았다.

이는 무엇을 말하는가. 사랑은 사람의 이성을 상실하게 만드는 강한 힘이 있고, 그 힘이 지나치면 상대의 거부에도 불구하고 스토킹을 시도함을 경고하는 것이다. 이미 고대에도 스토킹이 존재했음은 물론이려니와 스토커들은 자신 때문에 희생된 상대방의 아픔은 개의치 않고 결과적으로 소유하려는 비뚤어진 욕망을 지니고 있다.

그런 점에서 그리스 올림픽의 우승자에게 수여한 영광의 상징인 월계관은 수단 방법을 가리지 않고 최종 승리를 차지한 강자의 기념물에 다름 아니라 할 수 있다. 비록 그 대상이 스포츠로 바뀌었을 뿐 욕망은 항상 '독차지'를 추구하는 것이다.

흥미롭게도 기원전 6세기까지만 해도 에로스는 준수한 용모의 청년으로 표현되었다. 성애에 빠지는 사람은 당연히 육체적으로 성숙해야 했기 때문이다. 그러나 로마시대에 이르러 에로스는 쿠피도로 이름이 바뀌는 동시에 장난기 많은 날개 달린 소년으로 그려졌다. 이 것은 단순히 단어와 육체 크기의 변화만이 아니라 미묘한 관념의 변화를 보여주고 있으니, 에로티시즘이란 말을 보자.

'에로티시즘'(eroticism)은 에로스(Eros)에서 유래한 말로, 원래는 육체적인 사랑과 정신적인 사랑을 통틀어 가리키는 개념이었다. 그러나 근래에 와서는 주로 육체적인 사랑, 성애의 뜻으로 사용되고 있다. 왜냐하면 에로스의 본질이 (육체적) 섹스가 아니라 (심리적) 이성애에 있는 까닭이다.

일반적으로 사람들은 성행위 자체보다는 성행위를 암시하는 이미지에서 강한 자극을 받는다. 즉 에로티시즘은 본능적 생식행위가 아니라 심리적인 파동을 의미하며, 그 자극은 '섹스 어필'이라는 말로 표현된다. 섹스 어필은 인체의 특정 부위일 수도 있고, 행동이나 마음씨일 수도 있지만, 어느 경우든 성적 충동이나 성욕 자극으로 이어진다. 에로스라는 말이 관능적 느낌을 주는 말로 쓰이는 이유가 바로 여기에 있다.

이에 비해 천진난만한 솔직함이나 예측할 수 없는 돌발성은 인생을 시작하는 아이들의 특성이다. 로마인들은 '자극'보다 '시작'에 더 큰 비중을 두었으므로 사랑의 전달자를 어린 소년으로 상상했고, 비이성적이거나 무계획적으로 사람의 마음을 현혹시키는 순수한 모습을 표현하였다. 사랑의 화살을 지닌 신을 에로스가 아니라 큐피드로 말하는 이유가 여기에 있다.

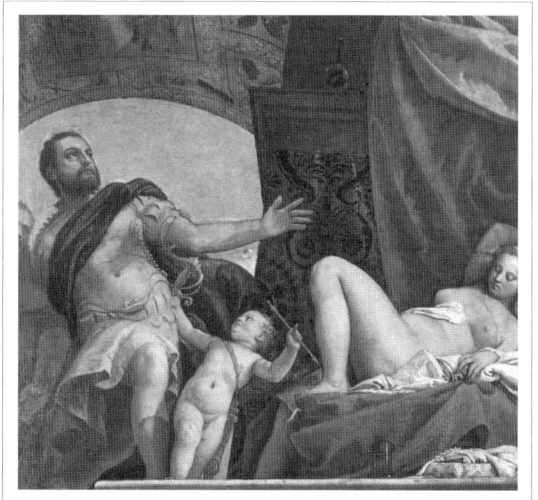

사랑의 우의(寓意) 금화살은 사랑의 감정을, 납화살은 미운 감정을 불러일으킨다. '사랑'을 값진 금속인 황금에, '증오'를 인체에 해로운 금속인 납에 비유한 것이다.

한편 큐피드는 프시케(Psyche)와 사랑을 나눈 것으로도 유명한데, 프시케는 '영혼' 또는 '나비'를 뜻한다. 프시케는 어느 왕국의 세 공주 가운데 막내로서 뛰어난 미모로 인해 비너스의 질투를 받았다. 비너스는 아들 큐피드에게 프시케를 이 세상에서 가장 못난 사람의 품에 안기게 하라고 시켰다. 하지만 큐피드는 프시케를 처음 본 순간 그 미모에 홀려 사랑에 빠지고 말았다. 큐피드는 어두컴컴한 밤에만 만날 수 있으며, 만약 자신의 얼굴을 보려고 하면 영원히 헤어지게 될 것이라고 경고한 뒤 결혼생활을 시작했다.

한동안은 행복했다. 그런데 동생을 시기한 두 언니가 프시케에게 남편이 괴물일지도 모른다고 겁을 주었고, 프시케는 정말 그런가싶어서 등불을 밝혀 남편의 얼굴을 살펴보았다. 그 순간 큐피드가 깨어

나 불신(不信)을 꾸짖고 떠나버렸다. 뒤늦게 잘못을 깨달은 프시케는 남편을 찾아 고난의 여행을 떠났으며, 우여곡절 끝에 다시 만나 불로불사의 생명을 얻고 큐피드와의 사이에서 볼룹타스(희열)라는 딸을 낳았다.

이 신화는 '사랑은 확인하는 순간 달아난다'는 점을 일러주고 있다. 간혹 자신에 대한 사랑을 확인하기 위해 연인을 시험하는 사람이 있는데 매우 위험한 일이다. 의심없는 애정만이 더욱 든든한 사랑을 키우리라!

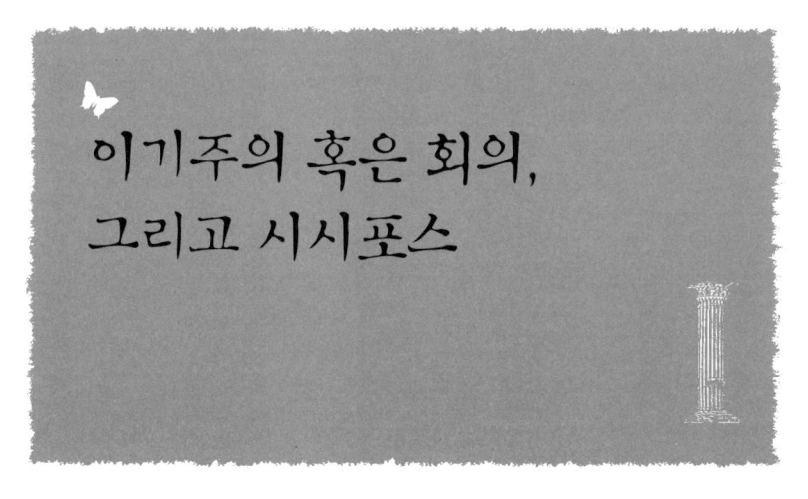

이기주의 혹은 회의, 그리고 시시포스

나쁜 짓만 일삼으며 바쁘게 살던 어떤 남자가 사고를 당했다. 얼마 후 그가 눈을 떠서 살펴보니 온통 흰색 벽뿐인 방안에 혼자 누워있는 게 아닌가. 오래간만의 휴식인지라 그는 아픈 것도 잊고 편안함을 만끽했다.

그러나 쉬는 것도 하루 이틀이지 며칠을 계속 가만히 누워 있으려니 갑갑해서 견딜 수 없었다. 옆에 누가 있으면 말동무삼아 이야기라도 할 텐데 아무도 없으니 그럴 수도 없었다. 그렇게 심심해서 괴로운 상태로 한참을 지난 어느 날 갑자기 방문이 열리고 누군가 들어왔다. 남자는 기쁜 마음에 말을 걸었다.

"도대체 여기가 어디인데, 한 사람도 얼씬거리지 않나요?"

그러자 이런 대답이 돌아왔다.

"여기는 지옥이야. 네 놈은 지금 벌을 받고 있는 중이고."

대부분의 사람들은 일반적으로 바쁘게 산다. 학생이든 직장인이든 주부이든 간에 비슷한 일정을 날마다 되풀이하기 때문에 모처럼 일상에서 벗어나는 휴가는 그야말로 귀한 시간으로 느껴진다. 위의 이야기는 그런 상식을 뒤집는 유머로 유명하다.

그렇다면 인생의 의미는 무엇일까?

그 답은 시시포스의 신화에 있다. 시시포스(Sisyphos)는 그리스 신화에 나오는 코린토스의 왕이다. 그리스인들에 따르면 '가장 솜씨좋은 사람'이고 인간 가운데 가장 교활한 인물이기도 했다. 그의 뛰어난 두뇌는 잃어버린 소를 찾은 사건에서 확인할 수 있다.

히프노스의 머리 히프노스는 타나토스(죽음의 신)의 동생이자 잠의 신이다. 히프노스는 관자놀이에 날개를 달고, 졸린 듯한 눈을 하고 있다. 인간에게 있어서 잠은 죽음 그 자체, 혹은 죽음의 전(前) 단계인 까닭이다.

도둑질과 사기술의 명수 아우톨리코스가 시시포스의 소를 훔친 뒤 모양과 색깔을 바꾸어 놓았다. 그러나 시시포스는 미리 소 발굽에 찍어놓은 표시로 자신의 소를 되찾을 수 있었다. 만의 하나

시시포스의 벌(罰) 화가 아켈로이오스가 기원전 6세기 경 항아리에 그린 그림이다.

도난을 예상하여 미리 절묘한 표시를 해둘 만큼 시시포스는 주도면밀한 인물이었던 것이다.

하지만 머리가 좋으면 교활해지기 쉬운 법. 시시포스는 어떤 상황에서도 자신에게 유리한 일을 꾸미곤 했으니 제우스의 아이기나 유괴 사건을 이용하여 물을 마련한 것이 대표적이다.

어느 날 시시포스는 제우스가 독수리로 변신하여 요정 아이기나를 납치하는 장면을 목격했다. 그 직후 시시포스는 강물의 신 아소포스를 찾아가서 사라진 딸(아이기나)의 행방을 알려줄 테니 부탁 하나를 들어달라고 말했다. 아소포스는 다급한 마음에 조건을 들어주었고, 시시포스는 갓 창건한 코린토스의 산 위로 물을 끌어올릴 수 있었다.

문제는 그런 이기주의적인 잔머리가 항상 이로운 결과를 낳지는 않는다는 것이다. 아소포스는 시시포스에게 들은 장소로 급히 달려가 딸을 구했지만, 욕망을 채우기 직전 들통 난 제우스는 시시포스를 괘씸히 여겼다. 감히 인간이 신들의 일을 방해하다니…

제우스는 죽음의 신 타나토스를 보내어 시시포스를 잡아오게 했

다. 시시포스도 만만치 않았다. 그런 일을 예측하고 타나토스를 속여 쇠사슬로 묶은 다음 돌로 만든 감옥에 가두어버렸다. 이렇게 되자 세상에서는 죽는 사람이 없어졌다. 그러자 죽음의 두려움에서 해방된 인간들이 제멋대로 행동을 하기 시작했고, 나아가 신을 우습게 여기기도 했다.

이는 무엇을 말하는가. 죽음에 대한 생각이 없다면 인간은 절제를 잃고 저마다 욕망에 따라 난잡한 삶을 살게 됨을 일러주고 있다. 그런 점에서 죽음은 보이지 않게 사회질서를 잡아주는 요인이다.

세상이 요상하게 돌아가자 예상치 못한 저항에 당황한 제우스는 강력한 군신(軍神) 아레스를 보내 타나토스를 구출하게 하고 시시포스를 잡아오도록 명령했다. 아레스는 즉각 출동하여 제우스의 명령을 충실히 수행했다. 아무리 두뇌가 뛰어나도 신의 능력을 넘어설 수는 없었다.

결국 시시포스는 저승으로 가야만 했다. 하지만 이때도 시시포스는 머리를 썼다. 미리 아내 메로페에게 자신의 장례식도 치르지 말고 시신을 묻지도 말라고 당부하였던 것이다. 시시포스는 저승의 신 하데스에게 남편의 장례도 치르지 않는 아내의 처신을 저승의 신에 대한 모독이라며 혼내주고 올 수 있도록 사흘만 시간을 달라고 애원했다. 그 말에 깜빡 속은 하데스는 시시포스를 풀어주었고, 지상으로 돌아온 시시포스는 오래도록 장수를 누렸다.

그러나 시시포스는 병들어 죽었다. 인간이 신과 다른 점이 있다면 바로 수명에 한계가 있는 까닭이다. 시시포스는 죽은 뒤에 신들을 속인 죄로 큰 바위를 산꼭대기로 밀어 올리는 벌을 받았다. 산꼭대기에 올려놓은 바위는 고정시켜 놓을 수 없기 때문에 저절로 굴러 떨어지게 되어 있었다. 따라서 시시포스는 간신히 바위를 올려놓으면 다시 내려가 들어올리는 일을 영원히 반복해야 한다.

시시포스의 신화는 참으로 많은 걸 시사하고 있다. 프랑스 작가 카뮈는 무의미한 일상을 반복하는 인간의 운명이 곧 시시포스이며, 끝낼 수도 포기할 수도 없고 완성할 수도 없는 부조리가 삶 그 자체라고 주장했다.

2002년 노벨문학상을 받은 작가 임레 케르테스도 「좌절」이라는 소설에서 나치 강제수용소에서 위대한 작가를 꿈꾸며 고통스런 삶을 사는 주인공의 처지를 시시포스의 신화에 비유한 바 있다. 거의 가능성이 없는 희망이지만 그 희망 때문에 현재의 고통을 버텨나간다는 것이다.

바위를 미는 시시포스 정상에 올려놓으면 다시 떨어지는 바위를 영원히 미는 시시포스의 행위는 반복되는 인간의 하루를 상징한다.

이렇듯 시시포스는 눈앞의 목표를 위해 고통을 견디는 절망적 인간의 상징으로 여겨지고 있다. 그러나 어찌 생각하면 바위를 들어 올린다는 일이 항상 고통스럽지만은 않다. 때론 힘쓸 때 고통 자체를 잊기도 하고, 또한 정상에서 걸어 내려오는 시간은 그나마 쉴 수 있지 않은가. 우리가 일주일 중에서 여러 날 일하고 하루 쉬는 것도 따지고 보면 시시포스와 다를 게 없다. 일할 때는 모르지만 쉴 때 느끼는 편안함이 평일을 고통스러운 날로 만드는 것도 그렇다.

요컨대 시시포스는 자신의 처지를 의식하는 순간 회의 또는 의지를 느낀다. 그러므로 인간에게 있어서 기쁨·슬픔·무료함·분노 등등 무엇이든 현재의 느낌이 곧 삶인 셈이다.

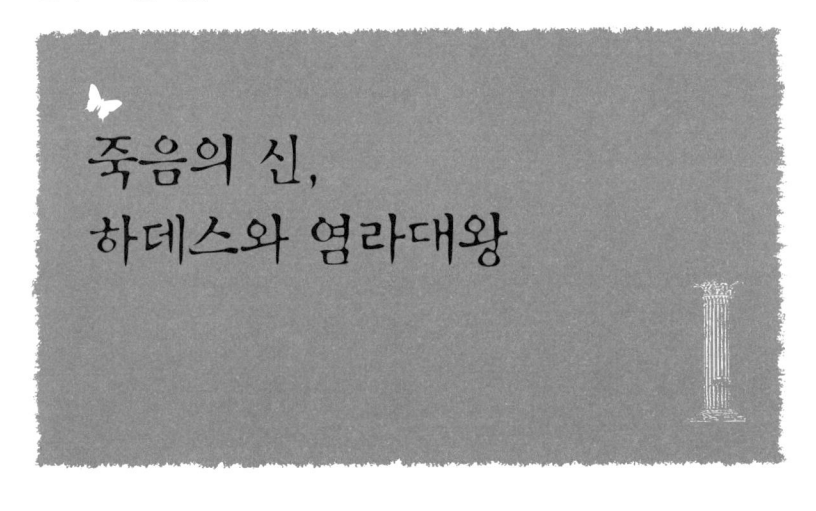

죽음의 신,
하데스와 염라대왕

사람은 어디서 와서 어디로 가는 걸까?

인생의 태생적 의미에 대해 한번쯤 생각해본 사람이라면 누구나 품었을 의문이다. 흔히 흙에서 나서 흙으로 돌아간다고 하지만, 그것은 육신의 문제일 뿐 영혼에게는 해당되지 않는 까닭이다.

사람들이 죽음을 두려워하는 것도 육체는 사라질지언정 영혼이 어느 세계엔가 들어가는데 그 이유가 있다. 목적을 알 수 없는 길을 떠나야 하니 두려울 수밖에 없는 것이다.

종교는 그 의문을 푸는 과정에서 등장한 믿음의 결정체라고 할 수 있으며, 이런 관념을 바탕으로 자연주의 신앙이 생겼다. 실제로 많은 문화권에서는 만물에 영혼이 서려 있고, 그 영혼들은 한때 인간인 적

이 있는 생명이라고 생각해왔다. 예컨대 옛날 일본인들은 세계가 세 곳(신, 생물, 악령)으로 분류되어 있으며, 사람은 영원히 생물세계에서 태어나고 죽는 일을 반복한다고 믿었다.

고대 그리스인들도 만물주의 신앙을 지녔지만, 일본인들과는 조금 다른 생각을 했다. 사람은 죽어서 저마다 현세에서 행한 공덕에 따라 신의 반열에 오르거나 공포의 저승으로 간다고 믿었던 것이다. 어느 경우든 인간세계로 돌아오지는 못했다. 또한 죽은 자들의 세계를 담당하는 신이 있으며, 그 신의 이름은 하데스(Hades)라 했다.

그리스 신화에 따르면 하데스는 제우스의 형제로써 땅속에 있는 저승을 다스리며 수많은 괴물들을 거느리고 있다. 가끔 대지로 나들이를 나오기도 하지만, 대부분 저승에 머무르며 땅속에 묻혀있는 풍요로운 광물들을 관리하기도 한다.

하데스의 아내는 데메테르(대지의 여신)의 딸인 페르세포네이지만 자식은 없다. 하데스는 생명의 탄생과 관련이 없기 때문이다. 그런 까닭에 하데스의 상징물은 풍요를 뜻하는 뿔과 몸을 보이지 않게 해주는 투구이다. 여기에는 죽은 사람들의 희생을 바탕으로 인간이 풍요를 누리고 있음과 죽은 자들은 결코 볼 수 없는 존재라는 믿음이 깔려 있다.

앞서 말한 대로 그리스인들은 저승세계가 지하에 있다고 생각했다. 죽은 사람을 땅에 묻는 것은 그 세계로 돌려보내는 일이므로 입에 노잣돈을 물려주는 풍습도 행했다. 저승으로 가기 위해서는 도중에 강을 건너야 하는데 그때 뱃사공에게 승선료를 지불하라는 의미였다. 짐승가죽으로 만든 그 배는 전적으로 뱃사공의 선택을 받은 사

하데스 페르세포네를 아내로 삼고자 납치하고 있다.

람들만 탈 수 있고, 선택받지 못한 자는 영원히 방황하게 된다고 믿었다.

그렇다면 저승은 어떤 모습일까? 강을 건너면 머리 셋 달린 개(케르베로스)가 미노스 옆에 지켜 서있고, 미노스는 재판관으로서 각자의 행적을 조사한다. 여기에서 판결을 받은 대로 극락이나 지옥으로 가는데, 흥미롭게도 그리스 신화에서는 극락에 대해 자세하게 표현하지 않는데 비해 지옥은 비교적 구체적으로 그 풍경을 말해준다.

지옥은 범죄에 따라 갖가지 형벌을 받는 곳이다. 음식을 먹으려고만 하면 간수가 옆에서 가로채어 못 먹게 하는 벌, 머리 위에 큰 바윗돌이 떨어질 듯 걸려있는 곳에서 계속 공포에 질려야 하는 벌, 계속 회전하는 차바퀴에 결박되어 어지러움을 겪어야 하는 벌 등은 수많은 벌 중의 일부이다.

이는 무엇을 말하는가. 사람들은 이기적 욕망으로 인해 상상할 수 없을 만큼의 범죄를 저지른다는 뜻이다. 생활이 단순한 원시사회의

염라대왕 위엄있는 얼굴은 엄격함을 상징한다.

범죄 종류에 비해 문명이 발달한 사회에서 훨씬 많은 종류의 범죄가 발생하는 것은 그러한 인간의 교활함을 여실히 증명하고 있다. 요컨대 지식교육이 사회적으로 발전을 가져오는 동시에 개인적으로 수단을 가리지 않고 욕망을 도모하게 만드는 것이다.

그런 점을 감안하면 '편리한 기계'와 '개인주의'로 상징되는 첨단문명은 이전보다 더 많은 범죄를 양산할 것으로 예측되는 바 사회적 윤리의식이 더 절실하게 느껴진다.

한편 저승세계의 존재에 대해서는 동양에서도 인정했고, 염라대왕(閻羅大王)은 그 대표적 상징이다.

'염라대왕'이란 죽어서 지옥에 떨어진 인간의 생전 행동을 심판하고 다스린다는 염라국의 임금을 가리키는 말이다. 흔히 불교의 교리를 설명할 때 인용되곤 한다.

하지만 염라대왕은 불교 교의(教義)와는 관계없는 존재이며, 그 유래를 거슬러 올라가면 인도 신화의 야마에 다다른다. 야마는 인도 신화에서 인간 제1호, 따라서 죽음도 제1호로 기록된 자이다. 인간 세상에서 처음으로 죽은 뒤 야마는 사람의 자취가 전혀 닿지 않은 길을 거슬러 천계에 도달했고, 그곳에서 왕으로 군림하게 되었다. 그 후로 이

천국에 줄지어 죽은 자가 도착했으며, 급기야 천국은 만원이 되었다.

그런데 자세히 살펴보니 천국에 온 자 중에는 천국과 어울리지 않는 악인도 있었다. 그래서 야마는 그들을 가려내 지옥으로 추방했다. 따라서 야마 자신은 천국의 지배자인 동시에 지옥의 지배자이기도 했고, 재판관이기도 했다.

그리고 이와 같은 인도 신화가 히말라야를 넘어 중국, 한국, 일본 등으로 건너오면서 재판관과 지옥의 지배자인 면만 받아들여 '염라'로 됐던 것이다. 또한 염라대왕은 재판장과 감옥장을 겸하고 있기 때문에 두려운 존재로 인식되었고, 사람들을 계몽하는 효과가 크기에 불가에서 적극 인용하게 되었다.

이상에서 살펴본 것처럼 죽음은 모든 문화권 사람들에게 두려운 길임에 틀림없다. 그러하기에 어떤 이는 종교를 통해 그 두려움을 이겨내려 하고, 어떤 이는 선행으로 덕을 쌓기도 한다.

자신의 갈 길을 미리 안다면, 더군다나 그 길이 평화로의 길이라면 길 떠남이 두렵지 않을 것이다. 죄짓지 않고 바르게 산 종교인들이 죽음을 편안하게 맞이하는 이유가 바로 여기에 있다.

여러 상황을 종합 분석해보면, 사후세계는 현세에서의 행위와 반대로 나타난다고 여겨진다. 현세에서 사회질서를 잘 지키고 순종적 삶을 산 사람은 극락에서 '자유'를 누리고, 반대로 현세에서 제멋대로 자기 욕심대로 산 사람은 지옥에서 철저히 '통제'라는 벌을 받는 것이다. 지금 자신의 자유만 주장하고 있는 것은 아닌지 뒤돌아 볼 일이다.

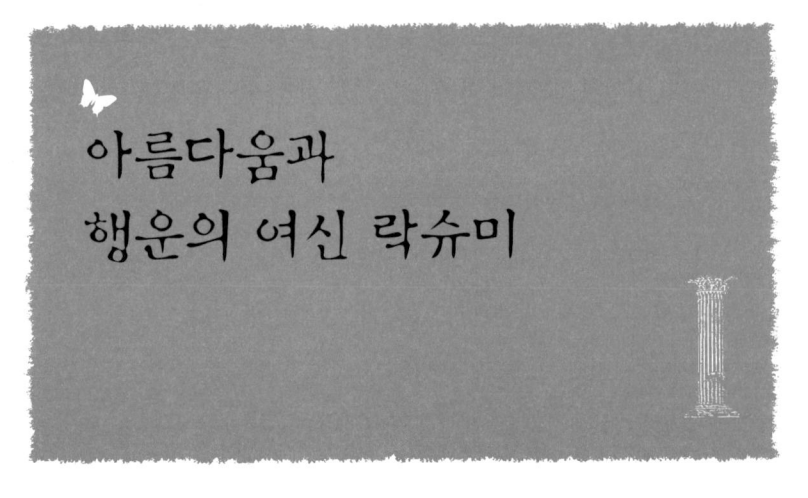

아름다움과
행운의 여신 락슈미

인도에는 수많은 신이 존재한다. 그중에서도 파괴의 신 시바(Shiva)와 그의 아내 칼리(Kali), 우주를 지배하는 비슈누(Visnu)와 그의 아내 락슈미(Lakshmi)가 대표적인 신으로 꼽힌다. 특히 락슈미는 아름다움과 행운, 그리고 연꽃의 여신으로 추앙받고 있으며, 티베트 불교에서 본존불로 모셔지고 있다. 티베트 불상이 풍만한 가슴을 하고 있는 이유도 바로 여기에 있다.

힌두교의 창조설화에 따르면 아주 오랜 옛날 신들과 악마들이 끝없이 전쟁을 했다. 그러던 어느 날 비슈누가 줄다리기로 승부를 정하자고 제안했고, 신들과 악마들은 즉각 경기에 들어갔다.

창조신 브라마가 심판을 보고 악마 92명과 신 88명이 각기 한 팀이 되어 큰 뱀을 줄로 삼아 잡아당기기로 했다. 신들의 수가 적었지만 우두머리격인 하누만이 악마 4명보다 힘이 셌기에 결과는 예측할 수 없었다.(하누만은 후에 『서유기』에 등장하는 손오공의 모델이 된 신)

드디어 경기가 시작되었고, 이 줄다리기는 1천년이나 계속됐다. 그러다가 잡아당기는 힘을 견디지 못한 뱀이 입에서 독을 내뿜고 말았다.

이에 따라 경기는 무효가 됐지만 세상이 천지개벽하는 일이 벌어졌다. 태초에는 젖으로 된 바다만 있었는데, 신들과 악마들이 줄다리기하며 1천년이나 바다를 휘저은 바람에 일부가 굳어져 땅이 됐고, 불로장수영약까지 생겼다.

뿐만 아니었다. 비슈누의 아내가 될 락슈미도 연꽃 위에 앉은 채 태어났다. 이로써 신들과 악마들은 모두 영원히 죽지 않게 되었다.

이 사건은 신들의 세계에서 최초의 타협이었으며, 이승과 저승 그 어느 곳에든 선악이 함께 존재하고 있음을 일러주고 있다. 일방적으로 악을 제압할 수도 없으려니와 무조건 선이 승리하는 게 아니라 상

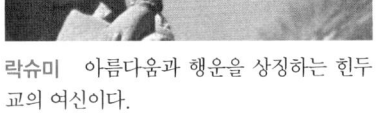

락슈미 아름다움과 행운을 상징하는 힌두교의 여신이다.

유액 젓기 한 순간도 방심할 수 없는 긴장이 곧 수행임을 일러주고 있다.

대를 인정하며 우위를 점하려는 노력 자체가 삶이라는 해석이다.

'유액 젓기'는 불가사의한 유적으로 여겨지는 앙코르와트에 무려 50m 길이의 거대한 조각으로 그 내용이 기록되어 있다.

왜 그런 장면을 묘사해 놓았을까? 힌두교인들의 생각에 의하면 세상에는 선과 악이 공존하며 어느 한쪽이 절대적으로 우세하지 못하다. 또한 인간은 그 믿음에 대한 대가로 신이나 악마로부터 영향을 받는다. 다시 말해 삶은 인간의 현재이지만 저승은 현재의 신앙에 비례하여 정해진다는 것이다.

힌두교인들이 죄를 짓지 않고 끝없이 수행하는 이유가 여기에 있으며, 앙코르와트의 '유액 젓기' 조각은 한 순간도 방심할 수 없는 긴장이 곧 수행임을 일러주는 것이다.

그런데 왜 바다에서 여신이 태어났을까? 결론부터 말하자면 바다는 '두려움', 탄생은 '고난 뒤의 행복'을 상징한다. 락슈미가 고대인들이 무서워했던 바다에서 나왔다는 탄생설화는 고난을 겪은 뒤 행복을 얻게 된다는 고대인들의 관념을 보여주는 것이다. 연꽃이 불교의 상징적인 꽃으로 받아들여진 이유도 진흙탕에 뿌리를 두고 맑은 꽃을 피울 뿐 아니라, 연못을 정화시켜 주는 그 역할에 있다.

지금의 관점으로 보아도 그렇다. 도박·복권 따위의 투기는 이길 확률이 매우 낮고, 설령 당첨됐을지라도 쾌락을 느낄지언정 영원한 행복으로 이어지지 않는다. 쾌락은 외부의 자극으로 생긴 순간적 즐거움이지만, 행복은 내부에서 우러나온 자기만족인 까닭이다.

바꿔 말해 다른 사람과 비교할 때 느끼는 열등감은 외부의 시선을 기준으로 한 쾌락의 비웃음이라 할 수 있으며, 물질적으로 가진 것 별로 없어도 걱정없는 사람은 그 자체가 행복의 미소라 해도 과언이 아니다.

이에 비해 땀 흘리고 얻은 대가는 자신에게 당당한 만족과 행복을 느끼게 해준다. 힘들게 등산한 뒤 느끼는 마음이나, 고통스러운 자기와의 싸움을 끝낸 뒤 맛볼 수 있는 성취감도 행복의 또 다른 모습이라 할 수 있다. 요컨대 행복의 실체는 힘든 것에서 벗어났을 때 느끼는 편안함 혹은 무엇인가 봉사하는 데서 깨닫는 나눔의 정신에 들어 있는 것이다. 같은 맥락에서 힌두교도나 불교도들은 긴장된 자세의 명상을 통해 마음의 편안함을 얻으려 노력한다.

흥미롭게도 락슈미는 소똥에 살고 있다고 믿어졌다. 왜 그럴까? 우유에서 생명이 나왔다는 믿음은 소의 신격화와 더불어 생겼는데, 힌두교 제사장들이 소 보호를 채택하면서 빚어진 일이었다. 시바는 소의 이마에, 야마는 소 등에, 강가는 우유 속에 살고 있다고 여겨졌으며, 그런만큼 소 자체를 숭배하기에 이르렀다.

그렇지만 인도인들이 소를 숭배하게 된 데에는 다분히 실용적 이유가 숨어 있었다. 덥고 건조한 자연환경에서 우유와 버터 등은 영양 보충에 매우 요긴한 식품이다. 또한 소똥은 말렸을 경우 불을 붙여 강력한 화력을 얻을 수 있으니 음식 만들 때 꼭 필요한 연료에 다름 아니다. 더구나 소똥을 벽에 바르면 벌레가 꼬이지 않으니 이처럼 유용한 것이 또 있을까.

힌두교 제사장들은 그런 특성을 간파하여 우유를 생산하는 암소를 신처럼 모셨고, 소똥을 집 담벼락에 바르면 부정을 막고 정화작용을 해준다고 설파했으며, 그 과정에서 락슈미가 소똥에 살면서 행운을 준다고 전해졌다.

이런 믿음은 실생활에서 공감할 수 있는 부분이 크므로 설득력이 높고, 자신이 처한 환경에 감사하는 마음을 심어주는 장점이 있다. 생활에 감사하며 살고, 후세의 평화로운 영생을 찾는 마음이야말로 락슈미의 실체인 것이다.

오늘날에도 장마철이 지나면 인도 곳곳에서 소똥 말리는 모습을 볼 수 있다. 그 소똥은 연료 아니면 담벼락에 바르는데 쓰인다. 그밖에도 중요한 행사 때 소똥은 정화작용의 상징물로 자주 등장한다. 예컨대 새해 첫날인 홀리 때에 소똥 불꽃으로 익혀 만든 짜파티를 먹는 것은 행운을 기대하는 마음에서 생긴 풍속이다.

동서고금을 살펴보면 대부분의 문화권 사람들은 막연하게 행운을 꿈꾸며 현실에 불만을 가졌다. 하지만 힌두교도들은 락슈미를 통해 현실을 받아들임으로써 불만을 줄이고 마음의 평화를 얻었다. 문명권 사람들에 비해 열악한 환경임에도 해맑은 웃음을 잃지 않고 사는 까닭도 거기에 있다.

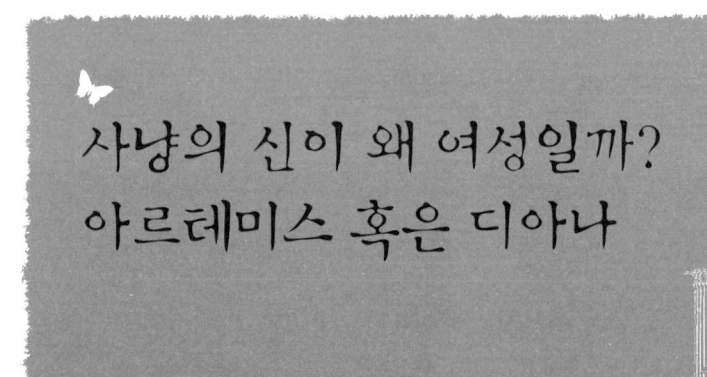

사냥의 신이 왜 여성일까?
아르테미스 혹은 디아나

수렵은 원시사회에서 인류의 주요
한 식량 해결수단이었다. 우리말 '사냥'이 한자어 '산행'(山行)에 어
원을 둔데서 짐작할 수 있듯, 사람들은 사냥감을 쫓기 위해 산에 들
어가 숲속을 뒤지는가 하면 들판을 뛰어다녔다. 그러다 목축과 농업
이 보편화되면서 사냥은 점차 상류층 남성들의 재미있는 취미로 바
뀌었는데 흥미롭게도 그와 맥을 같이 하는 신이 있다.

그리스 신화에 등장하는 사냥의 여신 아르테미스(Artemis)는 원래
숲의 여신이었다. 그러다가 인류 음식문화의 변천과 더불어 동물의
수호신 혹은 가축의 신이 되었으며, 임신과 출산을 돕는 풍요의 신으
로까지 숭배되었다.

로마인들은 사냥의 신을 디아나(Diana)라고 불렀으며, 활과 화살통을 지니고 있는 모습으로 상상했다. 디아나는 활의 명수로써 타의 추종을 불허했으며 들판을 지배했다. 그런데 왜 고대인들은 여성을 사냥의 신으로 모셨을까?

옛날부터 사람들은 숲속의 샘을 주목했다. 거기에서 시작되는 물줄기는 모든 생물의 기본적인 생명원이었기 때문이다. 또한 숲 밖에 펼쳐진 광활한 들판은 수많은 들짐승들의 서식처로서 인간의 입장에서 고기를 확보할 수 있는 중요한 곳이었다.

아르테미스 그리스 신화에 등장하는 사냥의 여신으로 활을 잘 쏜다.

그래서일까? 제우스와 레토 사이에서 태어난 아르테미스는 생애의 대부분을 올림포스 궁전이 아니라 숲이나 들판에서 사냥하며 산 것으로 여겨졌다. 아르테미스는 아폴론과 쌍둥이 남매간인데, 이는 남성과 여성이 다르지만 같은 공동운명체임을 반영한 것이었다.

고대세계에서는 식량 못지않게 중요한 그 무엇이 있었다. 바로 노동력이었으니, 그 때문에 다산(多産)이 장려되었고 출산을 신성하게 여겼다. 많은 아이는 넉넉한 노동력 확보를 의미한 까닭이다. 소아시아의 에페소스에서 발견된 아르테미스 조각상이 무수한 유방을 달고 있는 모습으로 표현된 이유도 같은 맥락에서 빚어진 일이었다. 이에 따라 사냥의 신은 출산의 신을 겸하게 됐고, 여성으로 성별이 부여됐다. 요컨대 모성(母性)이 아르테미스의 본질이었던 것이다.

그러나 문명사회로 접어들면서 여신의 여성성은 모성이 아니라 처녀성이 강조되었다. 그리스 고전문학에서는 아르테미스를 처녀의 신으로 묘사하며 순결을 담당한다고 말했다. 정조관념이 얼마나 강조됐는지는 본의아니게 겁탈당한 여자도 용서하지 않는다는 내용에서 알 수 있다.

어느 날 요정 칼리스토의 아름다움에 사로잡힌 제우스는 아르테미스의 모습으로 변장하고 나타나 칼리스토를 끌어안았다. 칼리스토는 별 생각없이 그 몸짓을 받아들였는데 순간 제우스가 본색을 드러내면서 욕망을 채웠다. 이로 인해 칼리스토는 원치 않는 임신을 했고, 아르테미스에게 들켜 죽임을 당했다. 아르테미스는 화살을 쏘면서 이렇게 말했다.

"처녀가 애를 가진다는 것은 있을 수 없는 일이니라!"

그때 제우스는 칼리스토를 곰으로 변신시켜 하늘로 끌어올렸다. 하여 칼리스토는 곰 별자리가 되었다.

아르테미스는 순결을 침해한 자도 용서하지 않았다. 아르테미스가 골짜기 깊은 곳 동굴에서 목욕할 때의 일이다. 사냥꾼 악타이온이 우연히 동굴에 들어왔다가 아르테미스의 목욕 장면을 훔쳐보았다. 분노한 여신은 악타이온을 사슴으로 만들어 동료 사냥꾼들이 끌고 온 사냥개에게 물려죽게 했다.

이 사건은 순결을 존중해야 하며, 순결을 짓밟을 경우 어떤 불행이 생길지도 모른다는 경고에 다름 아니다.

여성의 다른 특성 중 하나는 선물이나 기념일에 민감하다는 것인데 아르테미스 역시 그랬다. 아르테미스는 칼리돈의 왕 오이네우스가 제물 바치는 것을 소홀히 했을 때 멧돼지를 풀어 모든 농사를 망치게 했으며, 아드메토스가 결혼식 때 제물을 바치지 않자 침실에 뱀을 들여보내 질겁하게 만들었다.

하지만 그 무엇보다 강한 여성의 특성은 음모 혹은 참모로서의 지혜에 있다. 강의 신 알페이오스가 아르테미스를 흠모할 때의 일이다. 알페이오스는 강제력을 써서라도 여신과 사랑하고 싶어 했다. 어느 날 알페이오스는 멀지 않은 숲속에서 아르테미스와 요정들이 한밤중에 축제를 벌인다는 정보를 입수하고는 계획을 세웠다.

'기회를 보아 덮치자!'

그러나 아르테미스는 자신과 요정들 얼굴에 진흙을 발라 누가 누군지 구별할 수 없게 하고 놀았다. 그 결과 알페이오스는 아르테미스

디아나 아르테미스에 해당하는 로마신화의 여신이며, 영어로는 다이애나이다.

를 찾아내지 못했고, 요정들의 비웃음소리를 들으며 자리를 떠나야 했다. 음모에 관한 한 여성이 남성보다 우위에 있음을 알페이오스는 알지 못했기에 낭패를 본 것이다.

아르테미스의 지혜는 거인 형제 에피알테스와 오토스를 물리친 일에서도 빛을 발휘했다. 이 거인 형제는 어떤 신으로부터도 침범당하지 않는 불사의 몸을 지니고 있었는데, 그 운명을 믿고 올림포스의 신들에게 도전했다. 이때 신들은 대책이 없어서 발만 동동 굴렀지만, 아르테미스는 계책을 짜내어 그들을 유인했다. 거인 형제는 자신들을 받아들이겠다는 아르테미스의 말에 홀려 낙소스 섬으로 갔고, 거기에서 아르테미스를 보고 서로 차지하려고 다투었다. 아르테미스는 사슴으로 변신해 이들 사이에 끼어들었고, 잔뜩 화가 난 형제는 사슴을 겨냥해 서로 반대편에서 창을 던졌다. 순간 아르테미스가 모습을 감추자 형제의 창은 서로의 심장을 명중시켰다. 아르테미스의 미인계가 성공한 것이다.

이처럼 꾀많은 아르테미스는 그리스 로마인들로부터 사냥과 여성의 신으로 오랫동안 숭배되었다. 그렇다면 사냥과 여성은 어떤 공통점이 있을까? '사냥'은 활발히 움직여야 한다는 점에서 적극적인 참가를 뜻하고, 욕심을 채우기까지 계속 돌아다닌다는 점에서 방랑을 의미한다. 생각해 보라. 사랑을 위해 모든 것을 거는 여성의 적극성과 갈대 소리를 들을 정도로 현실을 중요시하는 욕망의 추구가 똑같지 않은가 말이다.

정리해 말하자면, 아르테미스는 여성성이 신격화된 여신이며, 세속적인 욕망의 빛과 그림자를 동시에 보여주고 있다.

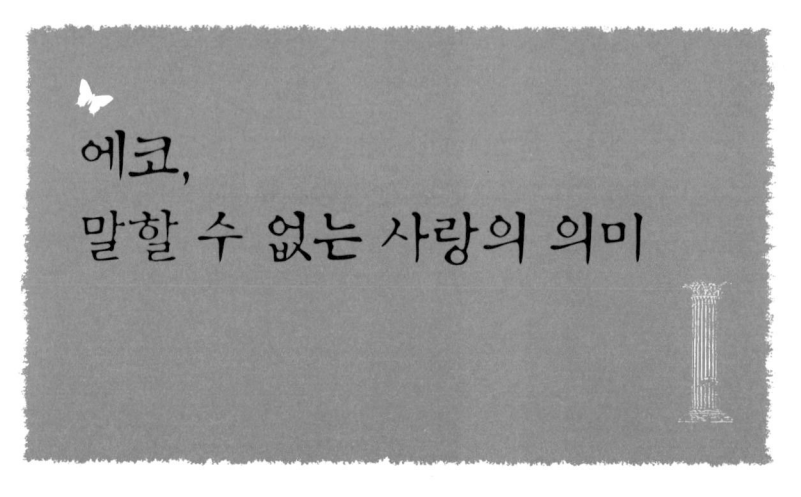

에코,
말할 수 없는 사랑의 의미

그리스 신화에 빠짐없이 등장하는 약방의 감초같은 존재가 있다. 바로 님프(nymph)로서 바다·강물·나무 등에 사는 아름다운 정령을 뜻한다. 그 말은 '신부'를 뜻하는 그리스어에서 유래했으며, 한결같이 아름다운 소녀로 묘사된다. 사람보다 오래 사는 특별함이 있기는 하지만 영혼이 없기 때문에 죽으면 영원히 사라진다는 점에서 신(神)과는 다르다.

님프는 그들이 관계하는 곳에 따라 구별되었다. 예를 들면 바다의 님프는 네레이드(nereid), 민물의 님프는 나이아드(naiad), 산의 님프는 오레아드(oread)로서 대개 그 지역의 번식이나 유지를 맡았다.

일반적으로 님프는 남자들에게 매우 친절하고 관심이 많다. 님프

에코와 나르키소스 에코는 자기 마음을 그대로 표현하지 못하고 가슴앓이 사랑을 했다.

와 사람이 서로 사랑하면 결혼도 할 수 있다. 그러나 몇 가지 제약이 따르고 이를 어기면 결혼생활이 끝나거나 목숨을 잃는다. 산의 님프 중 하나인 에코(Echo, 산울림)의 운명이 그런 면모를 잘 보여주고 있는데, 에코에게는 여성의 독특한 운명이 숨어있다는 점에서도 자못 흥미롭다.

에코는 본래 산이나 들에서 노니는 순진한 숲의 님프였다. 나무들과 어울려 수다를 떠는가 하면, 바람에 흩날리는 꽃잎을 보고 감상에 빠질 만큼 감성이 풍부했고, 하루하루를 행복해 하며 살았다. 문제는 제우스에게 어떤 부탁을 들은 뒤에 생겼다.

"날마다 일정한 시간이 되면 헤라에게 말을 걸어서 어떻게든 관심을 끌어라!"

에코는 다음 날부터 제우스가 말한 시간에 헤라에게 가서 말을 걸었다.

"헤라님은 언제 보아도 참 아름다워요."

헤라는 에코의 말에 기분좋은 듯 이어지는 말을 기꺼이 들어주었다. 다음 날도 에코는 다시 헤라를 찾아가 여러 말로 아부를 했고, 헤라는 흡족한 마음으로 들어주었다. 그렇게 여러 날이 흘렀다.

그런데 어느 날 문득 헤라는 이상한 느낌이 들어서 이야기를 듣다 말고 제우스를 찾아 나섰다. 아니나 다를까. 바람둥이 제우스는 다른 님프들과 숲속에서 한참 연애를 하고 있었다. 제우스는 싱싱한 살결과 발그레한 얼굴을 지닌 젊은 님프들의 매력에 푹 빠져서 헤라의 눈을 피해 날마다 정욕을 불태우고 있었던 것이다. 그 광경을 본 헤라는 크게 분노하여 에코에게 이렇게 외쳤다.

"이 못된 에코야. 용케도 날 속여 왔구나. 그 보복으로 네 혀를 잘라 짧게 해주마. 앞으로 너는 누구에게도 먼저 말할 수 없고, 딴 사람이 말한 말의 끝부분만을 되풀이할 수 있을 것이다."

에코로서는 참으로 억울한 일이었다. 제우스의 지시를 거부할 수 없어서 그렇게 한 것인데, 제우스가 여러 님프들과 바람을 핀 대가로 자기가 희생되다니 너무 기가 막혔다. 그러나 신의 초능력을 어찌할 수 없기에 에코는 순식간에 말을 하지 못하고 겨우 끝말만 되풀이하게 되었다.

에코는 그래도 다른 님프들이 자기를 위로해 주리라고 스스로를 위안했다. 하지만 그것은 착각이었다. 아무도 그의 옆에 오지 않았고 자연스레 에코는 외톨이가 되었다. 에코는 작아지는 마음을 느끼며 한적한 숲속으로 들어가 아예 숨어 지냈다.

그러던 어느 날 그 숲속에 아름다운 미소년 한 명이 길을 잃고 들어왔다. 그의 이름은 나르키소스(Narcissos)였다. 에코는 그를 보는 순간 첫눈에 반해서 가슴이 마구 뛰는 것을 느꼈다. 그때 나르키소스가 불안한 마음으로 친구들을 찾고자 크게 소리쳤다.

"누가 거기 있어?"

그 말에 흥분한 에코는 용기를 내어 나르키소스의 마지막 말을 되풀이했다.

"있어!"

"그럼 어서 이리로 와."

"와!"

에코는 나르키소스 앞에 나타나 가까이 다가가려고 했다. 하지만 결벽증이 있는 나르키소스는 기겁을 하고 외쳤다.

"다가오지 마. 네 몸에 스칠 바엔 차라리 죽는 게 낫겠어."

예상밖의 말에 충격을 받은 에코는 부끄러운 나머지 어두운 동굴 속에 숨어버렸다. 에코는 나르키소스가 너무 미워서 잊으려고 마음 먹었다. 하지만 연정이 사라지기는커녕 시간이 흐를수록 사랑의 감정은 깊어져갔다. 괴로움은 어느 사이 육체마저 병들게 했고, 뼈만 앙상하게 남았다가 이내 뼈도 사라지고 목소리만 남기에 이르렀다. 그래서 에코, 즉 산울림은 사람 목소리만 흉내 내게 됐다고 한다.

에코 신화는 산울림의 유래로서 널리 알려져 있지만, 사실 그 의미는 '소리'가 아니라 사랑, 특히 '짝사랑'에 있다. 다시 말해 그리스 신화에서 님프는 인간세계의 사춘기 소녀에 다름 아니며, 말하지 못하는 운명은 처음 겪는 첫사랑을 지켜만 보는 소심한 특성을 상징하고 있는 것이다.

어떤 철학자는 그런 사랑을 '무상의 사랑'이라고 말하기도 한다. 여기서 무상(無償)은 사랑 그 자체에 만족하는 순수한 사랑을 뜻하며, 비록 자기 사랑이 그에게 인정받지 못하더라도 사랑 자체를 소중하게 여기는 정서를 바탕으로 하고 있다. 말할 수 없는 (그러나 말하고 싶은) 에코의 사랑이 선생님에 대한 사춘기 소녀의 사랑과 통하는 이유가 또한 여기에 있다.

한편 에코를 비롯한 님프의 사랑은 본질적으로 육체적 섹스에 대한 갈망 혹은 갈등과 연결되어 있기도 하다. 사랑이 마음과 육체의 조화임을 감안하면 분명코 섹스는 필연적이지만, 묘하게도 섹스는 양면적 속성으로 여성을 혼란스럽게 한다.

섹스는 아름다운가 하면 추하고, 성스러운 동시에 우스꽝스럽고, 다정한 느낌을 주는 반면 잔인한 고통이 있다. 그런 까닭에 섹스를 처음 경험하는 여성은 그 양면성으로 인해 내적 갈등을 겪는다.

유혹당하는 님프 아름다운 님프가 남자 요정인 사티로스로부터 유혹을 받고 있다.

그러므로 그리스 신화에서 많은 님프들이 맞이하는 다양한 종말은 사춘기 소녀가 어른이 되는 과정에서 겪는 결합의 충격을 상징하는 것이며, 준비하지 않고 맞아들인 사랑은 불행이 될 수도 있음을 일러 주는 것이다.

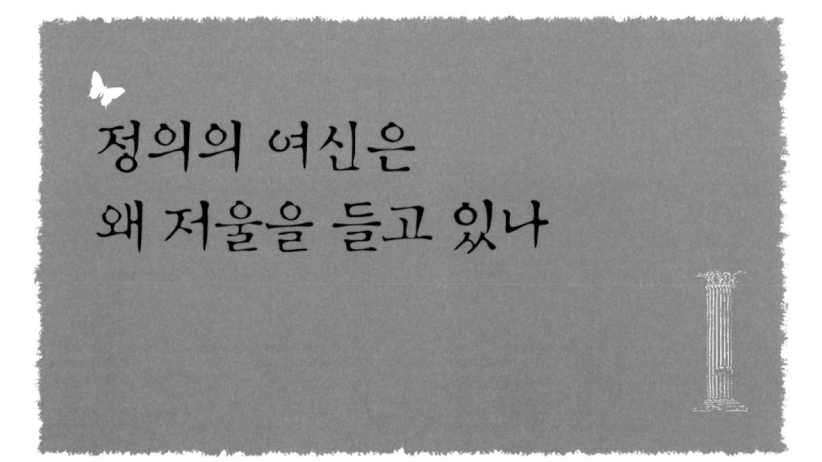

정의의 여신은
왜 저울을 들고 있나

'Fiat justitia, ruat coelum.'

정의의 여신상 뒷면에 쓰여 있는 문구로서 "하늘이 무너져도 정의
는 세워져야 한다"라는 뜻이다. 정의의 여신상은 안대로 눈을 가린
채 한 손에 칼(혹은 법전)을 들고 다른 한 손에 저울을 들고 있다. 왜 그
럴까?

고대 그리스 신화에 따르면, 아주 오랜 옛날 티탄 거인족과 올림포
스 신족 사이에 우주 지배권을 두고 싸움이 벌어졌다. 그 결과 올림
포스 신족이 이겼으며, 티탄 대부분은 죽임을 당하고 말았다. 다만
티탄족의 하나인 테미스(Themis)만은 뛰어난 미모와 예언능력으로 인
해 제우스의 두 번째 아내로 살아갈 수 있었다.

테미스는 그리스어로 '질서' · '법률'을 뜻하며, 그 의미 그대로 신들의 사회를 안정시키는 일을 맡았다. 초대한 손님을 위해 식사를 준비하거나 여러 예식을 집행하는 등 편안한 기분이 들게끔 접대를 잘했으므로 신들에게서 존경을 받았다.

그뿐 아니라 테미스는 인간사회에도 관심을 가져 양심이 올바른 사람을 지켜주고 나쁜 짓을 저지르는 사람들을 벌줌으로써 정의가 승리하도록 도와주었다. 이때 오른손에 든 천칭(天秤)으로 양쪽의 죄질을 비교 판단하였다.

한 마디로 테미스는 질서 수호의 여신이었고, 그의 활약으로 신들의 세계나 인간세계가 모두 평화로웠다. 만약 그가 없다면 세상이 금방 혼란스러워질 것만 같았다. 이쯤 되자 질투심 강하기로 소문난 제우스의 정처(正妻) 헤라조차도 테미스를 깍듯이 대해주었다.

'질서'가 '평화'의 바탕임을 몸으로 실천해 보인 테미스는 제우스와의 금슬도 좋아 아이를 여럿 낳았다. 계절의 여신 호라이(Horai), 운명의 여신 모이라(Moira), 정의의 여신 아스트라이아(Astraea)가 그들이다.

이때만 해도 세상은 비교적 평온하였다. 일년 내내 날씨가 봄처럼 따뜻하고 천지에 식량이 넘치므로 더 많이 차지하려고 다툴 일도 없었다. 신이든 사람이든 서로를 이해하며 자연과 문화의 향기를 느끼며 살았다. 행복과 평화의 이 시대를 '황금의 시대'라 부르며, 이에 연유하여 '황금의 시대'는 '전성시대'를 뜻하는 말로도 쓰이게 되었다.

황금의 시대는 오래 가지 못했다. 인구가 많아짐에 따라 땅과 식량이 점차 부족해지고, 살기 위해서 일을 하고 저마다 집을 지어야 하

뒤러가 그린 동판화의 저울 말 탄 네 명 중에서 가운데 있는 남자가 들고 있는 저울은 심판을 상징한다.

는 시대가 되었다. 이 무렵 제우스는 일년을 사계절로 나누어 생물의 생성과 소멸을 자연스레 유도했다. 질서와 다툼이 뒤섞인 이 시기를 '은의 시대'라 부른다.

　은의 시대 역시 그리 오래 가지 못했다. 한번 욕망의 다툼이 생기자 그 충돌이 순식간에 사나운 불길처럼 거세게 번졌기 때문이다. 사람들의 마음은 갈수록 사악해졌고 조금만 이해관계가 뒤틀려도 시비를 걸었다. 상대를 이해하려는 마음은 전혀 없었으며, 질서가 사라진 세상은 온통 싸움뿐이었다. 이 시기를 '청동의 시대'라 부른다.

인류는 똑똑해지면서 오히려 불행해진 셈이 되었다. 사람들은 아는 게 많아져서 빠른 속도로 문명의 발전을 이룰 수 있었다. 하지만 욕심을 다스리지 못해 자기 좋을 대로만의 편리를 추구하였으니 정보를 아는 게 병이 됐던 것이다. 마치 자연 속에 살던 순박한 사람들이 땅 투기나 주식투자 바람에 휩쓸려 영악한 도시민이 된 것과도 같았다.

이제 지상에는 거짓말, 사기, 폭력, 전쟁만 어지럽게 펼쳐졌다. 자신의 이득을 위해서 상대를 속이는 일은 당연해졌고, 사람의 눈길은 탐욕과 미움으로 가득했다. 신들은 이런 지상을 싫어하여 하늘로 올라갔다.

그러나 단 한 명의 신만은 지상을 떠나지 않고 인간과 더불어 살았다. 바로 테미스의 딸 아스트라이아였다. 그는 인간의 본성이 선하다고 믿었기에 계속하여 땅에 머무르면서 어머니에게 물려받은 저울로 정의와 불의를 심판하였다.

그렇지만 인류가 더 악해져서 여신에게 상처를 주기까지 하자 아스트라이아는 더 이상 참지 못하고 하늘로 올라가고 말았다. 그래도 그는 언젠가는 인류가 착한 본성을 되찾으리라는 믿음을 버리지 않았다. 바다의 신 포세이돈은 그것을

정의의 여신상 저울은 공평한 판단, 칼은 정의의 집행을 상징한다. 현대 들어서는 칼 대신 법전을 들고 있는 모습으로 자주 묘사된다.

비웃었고, 모욕감을 느낀 아스트라이아는 제우스에게 심판을 청했다. 제우스로서는 난감한 일이었다. 한쪽은 동생이요, 한쪽은 딸이니 내놓고 어느 편을 들기 어려웠기 때문이다.

결국 제우스는 두 사람에게 자기 능력을 발휘하게 하고 그 결과로 판단하겠노라고 말했다. 먼저 포세이돈이 하늘의 광장에서 한쪽 벽을 흔들자 그 틈새로 시원한 샘물이 흘러나왔다. 뒤이어 아스트라이아가 올리브나무로 변신하자 누구든 이 나무를 보는 순간 사랑과 평화를 느끼게 되었다.

제우스는 딸의 승리를 선언하면서 그 기념으로 아스트라이아의 저울을 하늘로 던져 별자리를 만들었다. 천칭자리는 그렇게 해서 생겼다. 실제로 가을이 되면 태양이 이 별자리에 와서 밤낮을 평등하게 나눈다고 하며, 점성술에서 이 별자리의 사람들은 선악에 대한 비판력이 강하다고 알려져 있다.

신화에서 살펴본 데서 짐작할 수 있듯, 정의는 사회를 안정시키기 위한 질서의 기준을 마련하는 과정에서 그 개념이 탄생했다. 그런데 그 질서는 무력이 아니라 대화와 이해를 통해 얻을 수 있다. 대화가 철저히 무시되면 서로의 존재가치를 인정하지 않는 상황으로 나가게 되고, 급기야 다툼이 반복하여 벌어지지 않은가 말이다.

테미스와 아스트라이아가 저울만 갖고 다닌 것도 합리적 철학을 가진 사회에서 형평의 가치만 판단하기 위함이었다. 때문에 이성과 대화를 중시하는 그리스인들은 정의와 질서의 수호신으로 아스트라이아의 신전을 곳곳에 세웠다.

그리스인들은 아스트라이아를 디케(Dike)라고도 불렀으며, 로마인

들은 유스티티아(Justitia)라고 불렀다. '정의'를 뜻하는 영어 'justice'
는 여기에서 유래한 단어이다.

　후세 화가들은 미술작품에서 정의의 여신을 한 손에 저울, 한 손에
칼을 들고 있는 모습으로 표현하였는데, 이는 공평히 판정한 후에 엄
숙하게 처벌하겠다는 뜻이다. 또한 눈을 안대로 가리고 있는 것은 개
인적 친분을 감안하지 않고 선입견없이 생각한다는 상징적 표현이다.

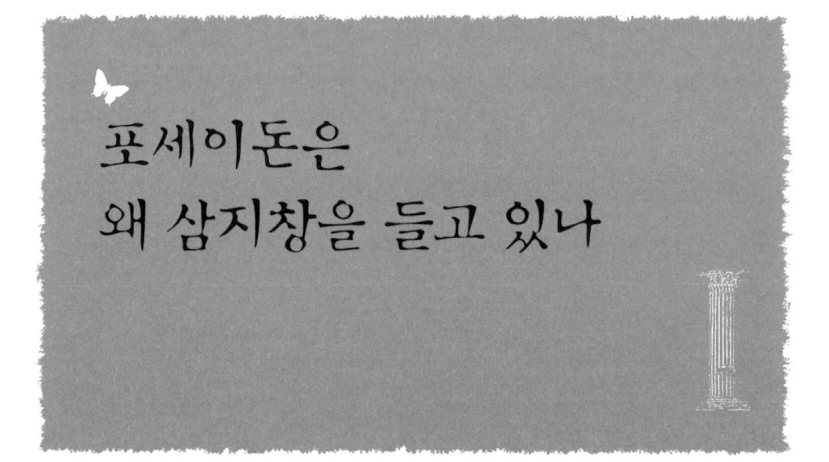

포세이돈은
왜 삼지창을 들고 있나

          어느 바닷가. 하늘에 검은 구름이
몰려오고 강한 바람이 불더니 파도가 들이닥친다. 그 기세가 자못 두
렵고 거세다. 천둥은 마치 천상에서 내리치는 큰 북소리 같고 세찬
빗줄기는 수많은 생물들이 내지르는 아우성 같다. 바람이 그치고 언
제 그랬냐는 듯 하늘은 맑고 바다는 고요하다. 하지만 사람들은 엄청
난 폭풍우를 잊지 못하고 여전히 바다를 무서워 한다.

  바다의 신 포세이돈(Poseidon)은 물에 대한 공포에서 비롯된 신앙이
었다. 포세이돈은 우주의 제2인자로서 물을 다스렸는데, 그것은 생성
과 동시에 파멸을 상징했다. 제우스가 정욕이 생기는 대로 끊임없이
바람을 피우는 색욕의 상징이라면, 포세이돈은 생명을 만들어내는 번

식욕의 상징이었다.

그런데 포세이돈은 생성에만 관여하지 않았다. 그는 항상 세 갈래로 갈라진 삼지창을 들고 흰 말(馬)을 타고 다니면서 파괴를 일삼았다. 여기서 '흰 말'은 포세이돈이 일으켜 만든 하얀 파도로서 바위를 깨부수고 고요한 바다를 성나게 하는 파괴욕의 상징이다.

모든 것을 순식간에 쓸어버리는 파도의 느낌이 얼마나 강렬한지 그리스인들은 들판을 거침없이 달리는 말을 포세이돈의 창조물로 생각했다. 후세의 몇몇 화가들도 파도를 말들의 질주로 그렸으니, 파도는 세상을 빠르게 변화시키는 힘을 의미하기도 했다.

포세이돈은 왜 삼지창을 들고 다닐까?

그 삼지창은 외눈박이 거인 퀴클롭스 3형제로부터 받은 무기로서 공격적 파괴를 뜻했다. 트리아이나(Triaina)라 불리는 삼지창은 구름·비·바람을 부를 수 있고, 그것을 통해 결과적으로 파도를 일으킬 수 있다. 따라서 삼지창은 물의 재앙을 의미하는 것이니, 포세이돈의 삼지창은 물의 분노에 다름 아니었다.

그리스 신화에서도 포세이돈은 파괴적인 공격에 앞장섰다. 올림포스 신들과 티탄족과의 싸움에서도 삼지창으로 용감하게 싸웠고, 신들도 가기 꺼리는 지하감옥 타르타로스에 티탄족 포로를 끌고 가는 등 궂은 일을 마다하지 않았다. 심지어 도망가는 거인을 끝까지 쫓아가 죽이기까지 했다. 이는 사람이 흥분했을 때 거침없이 행동하는 것과 다를 바 없다는 점에서 다혈질의 무서움을 일깨워준다고 할 수 있다.

포세이돈은 쉽게 폭발하는 다혈질이었다. 기질은 핏줄을 통해 유

트레비 분수 로마 신화에 등장하는 바다의 신을 모신 분수로서, 어깨 너머로 동전을 던지면 다시 올 수 있다는 속설이 전한다.

전되는 법. 포세이돈은 여신이나 님프 혹은 사람과의 사이에서 많은 자식을 두었지만, 그들 역시 다혈질 망나니였기에 대부분 영웅 헤라클레스와 테세우스에게 죽임을 당하고 말았다.

대표적인 예로 프로크루스테스를 들 수 있는데, 그는 강가에 침대를 하나 놓고 지나가는 사람을 붙잡아 침대보다 키가 크면 잘라 죽이고 작으면 잡아당겨 죽이는 잔인한 일을 하다가 테세우스에 의해 잘려 죽었다. 그런데 공교롭게도 테세우스 역시 포세이돈의 아들이었으니, 정의든 불의든 간에 포세이돈의 자식은 모두 폭력적이었다.

하지만 포세이돈은 흥분이 가라앉으면 이내 냉정해지곤 했다. 특히 권력에 관한 일이라면 언제나 일단 마음을 가라앉히고 자신의 처지와 본분을 생각했다. 하여 결코 제1인자의 자리를 넘보지 않고 제2인자로서 적절하게 처신했다. 트로이 전쟁 때에도 제우스의 명령에 따라 싸움터에서 물러설 정도로 최고 권력자에 대한 충성을 잊지 않았다. 이것은 바꿔 말하면 자신의 영역을 보장받으려는 2인자의 한계이기도 했다.

포세이돈에게는 트리톤이라는 아들이 있었다. 트리톤은 소라고둥을 가지고 다니면서 포세이돈의 명령에 따라 고둥을 불어서 파도를 불러일으켰다. 소라고둥은 포세이돈과 트리톤의 공통적 표장으로서 물결을 일으키거나 잠재우는 신호였다.

왜 소라고둥이 신호의 상징으로 여겨졌을까?

소라고둥의 껍데기는 나선형으로 점차 커져가는 모습을 하고 있다. 그 모양이 마치 소리가 퍼지는 느낌을 주는 까닭에 출발 신호의 상징이 된 것이다. 또한 소라고둥은 바다 속에서 살기 때문에 무언가 바다의 소리를 담고 있는 것 같기도 하다. 그러하기에 어떤 사람은 바다에서 소라고둥에 귀를 기울이며 바다의 소리를 들으려는 낭만적 모습을 연출하기도 한다.

바다의 신을 숭배하기는 로마인들도 마찬가지였다. 이들은 바다의 신을 넵투누스(Neptunus)라고 했다. 영어로는 넵튠(Neptune)이다. 다만 로마인들은 그리스인과 달리 두려움보다는 가까이하고픈 친숙한 신으로 믿었다. 물의 축복이 있어야만 도시가 발전하므로 더욱 그랬다.

이에 따라 로마 시내 곳곳에 분수를 만들었고 거기에 넵투누스를

장식하였다. 오늘날 관광명소로 유명한 트레비 분수는 그 중 하나로서 웅장한 분위기가 돋보이며 곳곳에 로마 문화의 상징이 숨어 있다.

우선 넵투누스는 조개 껍데기를 밟고 서 있다. 왜 그럴까? 로마 신화에 따르면 신은 조개에서 태어났다고 한다. 조개 형상이나 조갯살 빛깔이 여성의 생식기와 비슷한 데서 연상된 이야기이며, 그로 말미암아 조개는 여성의 원리, 즉 잉태하는 자궁을 상징하게 되었다. 넵투누스는 자신이 태어난 조개를 밟고 서있음으로써 파괴적 욕망을 근원적으로 보여주고 있는 것이다.

반면에 "어깨 너머로 동전을 던지면 다시 로마에 올 수 있다"는 말은 조개의 또다른 상징성인 '재생'에 바탕을 두고 생긴 속설로 여겨진다. 구석기인들이 죽은 자를 땅에 묻을 때 조개를 깔면서 재생을 기원했듯이, 로마에 온 사람들도 '재방문'이라는 희망을 담아 동전을 던진 것이리라.

그런가하면 넵투누스 앞 좌우에 있는 백마는 파도를 상징하고, 여자(바다의 님프)는 물결을 잠재우려 애쓰는 데 비해 남자(트리톤)는 소라고둥을 불며 물을 움직이려 하고 있다. 물의 움직임을 시각적으로 일러주고 있는 셈이다.

현대인들은 더 이상 바다의 신을 믿지 않는다. 그러나 홍수·가뭄·화

소년과 소라고둥 소라고둥 속에 바다의 소리가 담겨있을 거라 생각하는 사람이 많다.

재 등등 재앙의 대부분이 물이 넘치거나 부족한 데서 비롯됨을 감안
하면 물을 절대 무시할 수 없다. 물은 약한 듯 강한 유연한 흐름인
것이다.

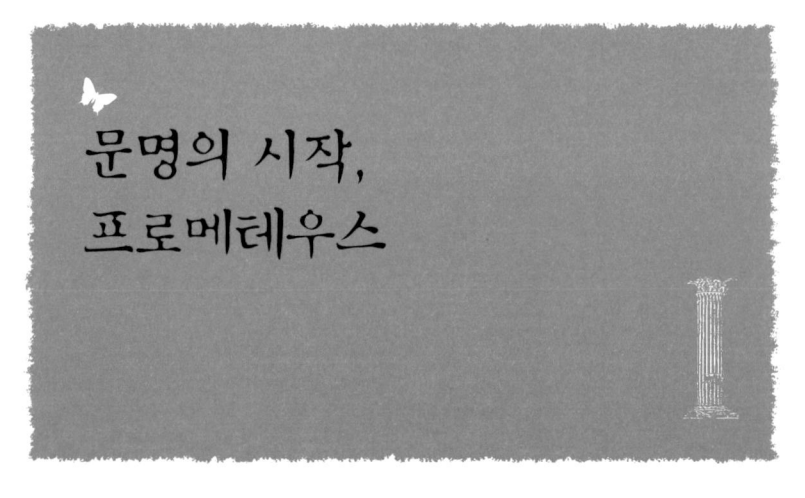

신화로 보는 세상 **19**

문명의 시작,
프로메테우스

사람은 어디에서 왔고, 사랑이란 무엇일까? 사춘기에 접어들면 대부분의 사람들은 사랑에 눈을 뜨면서 한편으로 인생의 의미에 대해 한번쯤 고민하게 된다. 그런데 그런 의문은 현대인만 가진 게 아니었다. 고대 그리스인도 사람의 탄생에 대해 근원적인 궁금증을 가졌으며, 그에 대해 다음과 같은 신화를 내놓았다.

전하는 말에 따르면 최초의 인간은 프로메테우스(Prometheus)에 의해 만들어졌다. 그리스어 'Prometheus'는 '앞을 미리 보는 자'를 뜻하며, 신화에서는 반신반인(半神半人)으로 인간보다는 더 능력이 뛰어나고 신보다는 능력이 뒤지는 존재를 의미한다.

따라서 그는 운명적으로 위아래의 입장을 두루 살피는 신세였으며, 상황에 따라 누군가의 입장을 선택해야 했다. 프로메테우스가 그러하건대 인간의 운명 역시 본질적으로 선택의 연속일 수밖에 없다.

프로메테우스가 최초로 겪은 갈등은 생명체에 어떤 능력을 부여할 것인가 하는 문제였다. 올림포스 신과 거인족의 전쟁이 끝난 후 제우스는 프로메테우스에게 지상에 내려가 생명체를 만들라고 명령했는데, 이때 프로메테우스는 동생 에피메테우스(Epimetheus, 나중에 아는 자)와 함께 작업을 시작했다.

처음에는 일이 재미있어서 순식간에 많은 생명체가 만들어졌다. 에피메테우스는 흙을 물과 반죽하여 색다르게 생긴 동물을 창조하면서 날개나 사나운 발톱, 빠른 발 따위를 하나씩 부여해 주었다. 제각기 그 능력으로 세상을 살아가라는 의미에서였다. 프로메테우스는 결과물을 감독하면서 일을 도와줬다.

사람은 가장 마지막에 신들의 형상을 흉내내어 빚어졌다. 두 발로 걸을 수 있었고, 모든 동물이 엎드려 땅을 보지만 사람은 얼굴을 들어 앞을 보거나 하늘의 별을 볼 수 있었다. 이것은 멀리 내다볼 수 있는 능력에 다름 아니었다.

프로메테우스는 앞일을 내다보는 것이 얼마나 중요한 일인지 잘 알았기에 그렇게 하였으며, 본능으로만 살아가는 동물과 달리 인간이 이상(理想)을 추구하며 살아가게 된 것은 참으로 대단한 축복이었다.

그런데 심각한 문제가 생겼다. 뒷일을 생각하지 않고 눈에 보이는 대로 행하는 에피메테우스의 기질로 인해 사람에게 줄 육체적 특징

불을 훔치는 프로메테우스 프로메테우스는 태양신 아폴론의 마차 혹은 제우스의 번개에서 불을 훔쳤다고 한다.

을 남기지 못하고 자원을 바닥낸 것이다. 조금만 재미있으면 미래를 생각하지 않고 현재의 쾌락을 추구하는 인간 속성도 여기에서 비롯 되었다.

어찌해야 할지 난감한 일이었다. 에피메테우스가 당황해 하자, 프로메테우스가 고민 끝에 제우스를 찾아가 인간에게 불을 주자고 제 안했다. 그 부탁은 일언지하에 거절되었다. 불은 모든 동물이 두려워 하는 공포이자 문명 발전의 원동력이기 때문이었다. 더구나 사람이 불을 사용하게 되면 결국에는 신을 무서워하지 않을 것임에 틀림없 었다. 동서고금을 살펴볼 때 원시 부족사회보다 문명국가에서 무신 론자(無神論者)가 많은 걸 보면 신들의 염려는 옳았다.

그러하기에 신들의 반대는 완강했다. 그렇지만 프로메테우스는 포 기하지 않았다. 사람의 육체가 워낙 허약해서 불이 없다면 다른 동물 에 금방 지배당하거나 멸망해 버릴 것으로 내다보인 까닭이었다.

하여 프로메테우스는 몰래 제우스의 번개를 훔쳐서 사람들에게 전해주었다. 혹자는 아폴론이 모는 태양 마차에서 불을 훔쳐냈다고도 하는데, 어찌됐든 사람은 불을 이용해 추위를 견뎌냈고, 고기를 익혀 먹어 질병을 예방할 수 있었으며, 여러 무기나 연장을 만들어 사냥을 쉽게 하거나 농사를 지었다.

실제 인간의 역사에서도 벼락 맞아 불타고 있는 나무에서 불이 발견되었다. 인간은 그 횃불을 우연히 주워든 후 여러 방면으로 활용하

독수리에게 간을 쪼이는 프로메테우스 놀랍게도 고대인들은 인체 장기 중에서 간의 재생능력을 잘 알고 있었다.

여 문화를 즐겼고 문명을 건설하였다. 밤에 모닥불을 피워놓고 같이 어울려 춤을 추는 따위가 그 무렵의 문화라면, 흙을 구워 단단한 벽돌집을 만든 것은 문명이었다.

불의 상징성이 얼마나 강렬한지는 영화 〈매트릭스〉에서도 확인할 수 있다. 첨단 기계문명과 대비되는 거대 동굴 속 시온 시민들이 불로 어둠을 밝힌 채 격정적인 모습으로 춤을 추는 장면을 떠올려보라. 불은 인간에게 오르가슴의 환희를 일깨워준 쾌락이기도 한 것이다.

불은 사람을 모으는 매개체 역할도 했다. 불피워놓은 곳을 찾아서 여기저기 흩어져 살던 사람들이 모여들었고, 사람의 수가 급격히 불어났다. 사람들은 아주 강한 응집력으로 사회를 이루고 빠른 속도로 문명을 꽃피웠다.

요컨대 불은 '기술의 씨앗'이었다. 난방기구와 생활도구와 무기는 물론 거래를 위한 화폐도 금속을 불에 녹여 만들 수 있었으니 모든 것이 불의 혜택이었다. 불이 있음에 인류가 있다고 해도 과언이 아니며, 훗날 여러 사상가와 과학자들도 비슷한 견해를 밝혔다.

전기를 이용한 생명 창조 이야기를 다룬 〈프랑켄슈타인〉의 작가 매리 셸리는 책의 부제를 '현대의 프로메테우스'라 하여 '전기 발견'을 '새로운 불의 발견'에 비유했으며, 미국의 NASA는 태양계 탐사 원자로켓 개발 프로젝트 이름을 '프로메테우스'라고 명명한 바 있다.

이런 점을 감안하면 인류는 미래를 내다보고 살아왔기에 생명력을 유지했음을 깨닫게 된다. 다만 그 기술을 어떻게 쓰느냐에 따라 행복이 되기도 하고 고통이 되기도 하니, 기술의 오남용은 항시 경계해야

할 일이다.

그러나 프로메테우스가 인간의 편에 선 순간 크게 분노한 이가 있었다. 화가 머리 끝까지 치민 제우스는 권력의 신과 폭력의 신에게 명령하여 프로메테우스를 코카서스의 산꼭대기 깎아지른 절벽에 끌고 가 끊어지지 않는 쇠사슬로 묶도록 했다.

그리고는 날마다 독수리가 날아와 그의 간을 쪼아 먹는 벌을 내렸다. 아침부터 저녁까지 파 먹힌 간은 다음날 다시 생기고 매일 아침 같은 고통이 반복되었다. 프로메테우스는 헤라클레스가 구해줄 때까지 천 년 동안이나 이렇게 묶여 있었다.

이는 무엇을 상징하는가. 기술이 권력과 폭력에 묶이면 미래가 참담해진다는 것을 경고하고 있는 건 아닐까? 하지만 그보다는 독재자에게 굴복하지 않고 반항하는 의지력의 상징이 더 강할지니, 프로메테우스는 정의를 추구할 때 미래가 밝음을 몸으로 보여준 것이다.

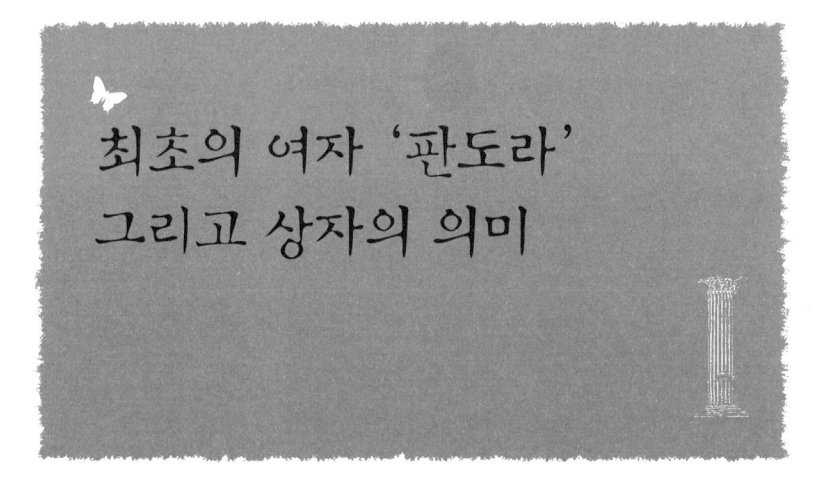

최초의 여자 '판도라'
그리고 상자의 의미

　　　　　　　　성서에 따르면 지구 최초의 사람
은 하나님이 만든 아담이지만, 그리스 신화에서는 프로메테우스와
에페메테우스가 함께 만든 남자였다. 두 경우 모두 성별이 남성이었
으며, 초능력자가 흙을 물에 반죽하여 만들었다는 공통점이 있다.

　다만 하나님이 정성을 가득 담아 사람을 만든데 비해, 그리스 신화
에서는 여신 아테네가 사람 탄생을 기념삼아 몇 가지 특이한 성질을
주었다는 차이점이 있다. 사자의 힘, 공작의 자존심, 여우의 간사함,
산토끼의 수줍음이 그것으로 이는 일반적인 남자의 성격이기도 하다.

　바꿔 말하자면 여성에 비해 공격적인 기질, 손해 보면서도 굽히지
않는 자존심, 권력자에게 아부하는 처세술, 낯선 사람과 쉽게 접촉하

지 못하는 비사교성 등은 운명적으로 남성의 속성인 것이다.

그렇다면 최초의 여자는 누구일까? 성서에서는 아담의 갈비뼈 하나를 뽑아 만든 이브가 인류 최초의 여성이며 아담의 외로움을 달래주기 위한 목적에서 생겼다고 한다. 남성과 여성은 서로 도와가며 사는 공생의 관계라는 설명이다.

이에 비해 그리스 신화에서는 제우스의 지시에 의해 급조된 여성이 최초로 전해지고 있다. 제우스는 대장장이 신 헤파이스토스에게 여자를 만들도록 명했고, 여러 신들은 그녀를 여신처럼 아름답게 꾸몄다.

여자는 예쁘고, 날씬하고, 똑똑하고, 재주있고, 매력있고, 품위있고, 그리고 정숙했다. 여자는 만물 중에서 가장 완전하고 행복한 존재였으며 육체든 마음이든 부드러운 곡선미는 예술적이기도 했다. 단 하나 흠이 있다면 모든 걸 알고 싶어 하는 욕망이 강하다는 것인데, 사실 거기에는 제우스의 음모가 숨어 있었다.

제우스는 인간에게 불을 전해준 프로메테우스를 고통스럽게 벌주는 것만으로 만족하지 않았다. 인간세계를 굽어보니 신에 대한 공경심도 부족해 보였고, 자기들끼리 재미있게 사는 게 영 기분이 좋지 않았기 때문이다.

하여 남자끼리의 세계를 갈라놓기 위해 여자를 만들었고, 남자가 빠져들만한 요소들을 부여했던 것이다. 쉽게 말하자면 여자 탄생의 목적은 미인계였다. 더구나 헤르메스는 여자에게 설득력과 애교 능력을 주었기에 남자를 공략하기란 그리 어려운 일이 아니었다.

상자를 여는 판도라 맹수의 발처럼 생긴 상자 밑
받침은 전형적인 그리스 상자이다.

그런데 제우스는 어떤 일을 노렸을까?

일찍이 프로메테우스는 인간세상에서 일어날 가능성이 있는 모든
불행한 일을 상자에 넣어 자물쇠로 채워 놓았었다. 제우스는 그 사실
을 알고 있었기에 그 점을 주목하여 색다른 계략을 꾸몄다.

여자가 완성된 다음날이었다. 제우스는 프로메테우스의 동생인 에
피메테우스를 불러서 아리따운 여자와 결혼하는 게 어떠냐고 권유
했다. 여자에게 한눈에 반한 에피메테우스는 "제우스가 주는 선물은
어떤 일이 있어도 받지 말라"는 프로메테우스의 이전 경고를 까맣게

잊고 여자를 신부로 맞아들였다.

이때 올림포스의 신들이 여자에게 갖가지 결혼선물을 주었으며, 제우스는 '판도라'(Pandora, 모두의 선물을 받은 자)라는 이름을 지어주었다. 또 제우스는 판도라를 따로 불러 프로메테우스의 상자를 건네주면서 이렇게 말했다.

"희귀한 것들이 가득 들어있으니 잘 보관해라. 그러나 절대로 열어보면 안되느니라."

상황이야 어찌됐든 에피메테우스와 판도라의 결혼생활은 참으로 행복했다. 하지만 호기심이 문제였다. 궁금하면 참지 못하게끔 만들어놓은 제우스의 음모가 작동하기 시작한 것이다.

어느 날 에피메테우스가 밖에 나갔을 때, 집에 혼자 남아있던 판도라는 심심한 나머지 그 상자에 눈을 돌렸다. 처음에는 열지 않으려고 했지만 "열지 말라"는 금기가 오히려 호기심을 자극하는 바람에 결국 상자를 열고 말았다.

그 순간 상자 속에서 인류를 괴롭히는 수많은 악들(질병, 슬픔, 죽음, 전쟁 따위)이 쏟아져 나왔다. 놀란 판도라가 뒤늦게 상자를 닫으려 했으나 이미 모든 게 다 나가고 말았다. 그나마 위로가 된 일이 있다면 '희망'이 남아있었다는 것이다. 그로 인해 인류는 무척 힘든 일을 만났을 때도 희망으로 인해 참고 견뎌나갈 수 있게 됐다고 한다.

이후 '여자에게 비밀은 없다'라는 속언이 생겼으며, '판도라의 상자'라는 말은 불행과 동시에 희망을 가리키는 상징으로 통하고 있다.

그렇다면 여자는 정령 악의 근원일까?

위험한 호기심 상자에서 빠져나온 온갖 불행은 신의 영역을 침범한 데 대한 대가에 다름 아니다.

그에 대해 논란이 분분하지만 판도라 이야기는 남성 주도적 사회에서 탄생한 이념신화라는 게 가장 설득력 있다. 채렵 중심의 모계사회에서 농경 중심의 부계사회로 변화했을 때 여성이 남성의 종속물로 인식되면서 신화 속 여성마저 남성의 정당성을 인정하는 도구로 전락한 것이다.

그 대표적인 예가 판도라로서, 본질적으로 섹스의 선택권이 여성에게 있음을 잠재적으로 인정하면서도 섹스의 주도권을 남성에게 부여하고 있다. 또한 여성에 비해 훨씬 강한 남성의 섹스 욕구는 때로 육욕의 대상으로 여성을 바라보게 만드노니 판도라에게 혹한 에피메테우스의 판단력이 그것에 다름 아니다.

한편, 상자는 무슨 뜻일까?

고대 그리스에서는 물건을 보관할 때 상자보다 항아리를 더 애용했다. 양손잡이가 달리고 뚜껑을 덮게끔 되어 있는 암포라는 포도주나 올리브 기름처럼 귀한 것을 저장하는 용기로써 그 표면에는 신화의 주요 장면을 장식하곤 했다. 따라서 그리스식 저장이라면 암포라에 불행과 희망을 넣어두어야 한다.

그럼에도 불구하고 상자가 등장한 이유는 '저장' 자체보다는 '감춤'이라는 속성에 있는 듯싶다. 상자는 누군가에게 드러내고 싶지 않은 비밀스런 물건이나 보물을 넣어두는 물체이므로, 다른 사람이 몰래 연다는 것은 그 소유자에게 불행한 일임에 틀림없다.

그렇게 볼 때 상자는 신이 인간에게 준 선물이고, 그걸 열어보는 것은 신의 영역을 침범하는 일이다. 그러므로 '판도라 상자'는 신에 대한 공경심을 잃지 않고 살아가는 자세가 행복임을 일러주고 있는 것이다. 그걸 열거나 열지 않거나 하는 것은 개개인의 자유이지만…….

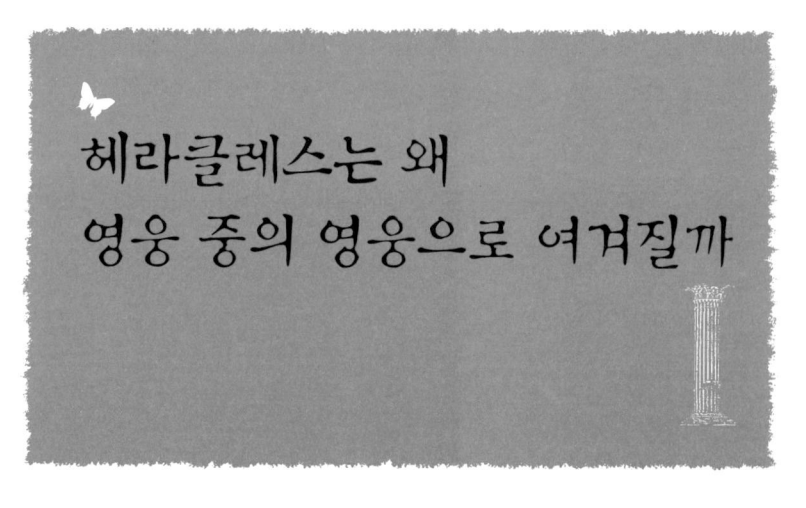

헤라클레스는 왜
영웅 중의 영웅으로 여겨질까

                    그리스 신화에서 가장 잘 알려진
영웅 중의 영웅이 있다. 헤라클레스! 그는 강한 남자의 이상형이자 용
감함이나 힘의 상징으로서 대중에게 사랑받고 있다. 헤라클레스 조각
상은 오늘날 유럽의 궁전이나 정원, 혹은 박물관에 많이 남아있으며,
울퉁불퉁한 근육질 몸매와 굵은 몽둥이로 깊은 인상을 주고 있다.

    그런데 대부분의 헤라클레스 조각상을 보면 어딘지 모르게 번민이
느껴진다. 괴물을 물리치며 힘자랑하는 게 아니라 몽둥이를 짚고 선
채 무언가 골똘히 생각하는 듯한 자세를 취하고 있는 것이다.

    그래서일까. 헤라클레스를 신이 아니라 인간이라고 주장하는 신화
학자도 있다. 헤라클레스가 신과 사람 사이에서 태어난 데다 여러 면

에서 인간적 면모를 보여주었으므로 그렇게 생각할 수도 있다. 하지만 그의 운명은 신이라고도, 사람이라고도 할 수 없을 만큼 복잡하다. 과연 헤라클레스의 운명이 상징하는 것은 무엇일까?

헤라클레스는 제우스의 이색적인 애정을 바탕으로 하여 태어났다. 제우스가 어느 날 문득 신들과 인간들 모두에게 좋은 친구가 될 수 있는 자식을 갖고 싶어 했고, 제우스가 점찍어둔 아름다운 여인 알크메네의 몸을 빌려 아들을 낳았다. 알크메네는 덕성과 지혜가 뛰어난 여인으로 그 품성은 자연스레 헤라클레스에게 유전되었다.

'헤라클레스'(Hercules)라는 이름은 '헤라의 영광'이라는 뜻인데, 여기에는 제우스와 헤라의 애증관계가 숨어 있다. 제우스는 헤라클레스를 영원히 살게 하기 위해서 은근슬쩍 헤라의 젖을 먹게 했다. 헤라클레스가 젖을 너무 세게 빠는 바람에 헤라가 깜짝 놀라 뿌리쳤지만, 어찌 됐든 헤라클레스는 죽지 않는 육체를 갖게 됐다.

재미있는 것은 헤라가 아기를 떼어낼 때 흩날린 젖이 하늘로 솟구치면서 은하수가 됐다는 이야기이다. 같은 별무리에 대해 동양인들이 강물처럼 흘러가는 심상으로 본 반면, 서양인들은 몸에서 흘러나온 젖으로 여겼으니 이는 물을 중시하는 농경민족과 가축을 키우며 사는 유목민족의 정서에서 비롯된 차이로 풀이된다.

또한 이 일화를 통해 헤라클레스의 운명이 한곳에 정착할 수 없는 떠돌이일 수밖에 없음을 짐작할 수 있다.

헤라클레스는 태어난 이후부터 고난을 겪었다. 헤라가 자기 아이가 아니라는 이유로 미워했기 때문이다. 헤라는 생후 8개월에 불과한 아기에게 뱀을 보내 물어죽이게 했다. 그러나 헤라클레스는 태연하

게 뱀을 맨손으로 잡아 죽였다. 힘에 관한 한 천하장사임을 확인하는 순간이었다.

문제는 헤라클레스의 조급한 성격이었다. 한꺼번에 많이 먹으려고 헤라의 젖을 심하게 빨은 데서 알 수 있듯, 욕심이 많고 성질이 급해서 사고를 치곤 했다. 어린 시절 악기를 배우다가 꾸중받자 이에 반발하여 음악선생을 때려서 죽게 만든 일이 대표적이며, 힘을 자제하지 못해 빚어진 비극이었다.

헤라클레스는 그 벌로 산에서 가축을 돌보게 되었다. 그에 실망하지 않고 헤라클레스는 운동을 열심히 해서 육체를 단련했으며, 힘을 더 강하게 만들었다. 사람의 경우도 어릴 때부터 운동을 꾸준히 하면 성인이 되어 힘을 발휘할 수 있으니, 이는 청소년 시절 운동의 중요성을 강조한 가르침에 다름 아니다.

18세 때 헤라클레스의 삶을 결정짓는 일이 발생했다. '쾌락'과 '미덕'이라는 이름의 님프 둘이 찾아와 자신들 가운데 하나를 인생의 목적으로 선택하라고 말했던 것이다. 헤라클레스는 '미덕'을 선택했다.

그러자 당장에 고난이 시작되었다. 사나운 사자가 갑작스레 나타나 헤라클레스를 공격하는 게 아닌가. 격투 끝에 사자를 죽였지만, 이후 더 힘든 고난이 계속되었다.

'미덕'은 어려움을 헤쳐 나가는 과정에서 생성되는 까닭에 헤라클레스의 인생에 많은 고난이 이어진 것이다. 이는 훗날 헤라클레스가 최고의 영웅으로 숭배받는 이유가 되기도 했으니, 헤라클레스 '미덕'의 핵심은 어떤 도전도 마다하지 않은 의연한 태도였다.

헤라클레스에게도 행복한 시절이 있었다. 사자 사냥의 공로를 인

헤라클레스 조각상 조각가가 몽둥이 짚은 헤라클레스 몸에 짙은 그림물감을 바르고 있다.

정받아 테베로 돌아온 헤라클레스는 크레온 왕의 딸 메가라와 결혼하여 단란한 가정을 꾸미고 달콤한 쾌락을 즐겼다. 결혼선물도 많이 받았으며, 그중에서 대장장이 신 헤파이스토스가 만들어준 청동 몽둥이는 이후 헤라클레스의 상징이 되었다.

하지만 이 행복은 오래 가지 못했다. 질투를 느낀 헤라가 헤라클레스를 미치게 만들어 처자식을 죽이게 했기 때문이다. 제정신으로 돌아온 헤라클레스는 충격을 이기지 못해 델피 신전을 찾아가 용서와 더불어 신탁을 구했다.

활을 쏘는 헤라클레스 머리에 사자 가죽이 투구처럼 씌워져 있다.

이때 교활한 에우리스테우스가 자신보다 능력이 뛰어난 헤라클레스를 곤란하게 만들기 위해 술수를 써서 헤라클레스에게 그 유명한 열 두 가지 과업이 주어졌다. 12는 불운을 상징하는 수로써 열 두 가지 과업은 엄청난 어려움을 의미했다.

결론부터 말하자면 헤라클레스는 맡겨진 난제를 모두 처리했다. 어떤 화살도 뚫을 수 없는 '네메아의 사자'를 목 졸라 죽이고 그 가죽을 벗겨 자신의 투구로 사용한 일을 시작으로 '레르나의 히드라', '에리만투스의 산돼지', '아르테미스의 숫사슴', '스팀팔루스의 새떼', '헤스페리데스의 황금사과', '저승을 지키는 개 케르베루스 생포' 등을 힘과 재치로 해결했다.

열 두 과제는 단순한 수수께끼가 아니라 그리스인들의 삶을 크게 위협한 해로움 또는 갖고 싶은 욕망을 의미한다. 그리고 헤라클레스의 일처리 방식을 통해 그것을 해결하는 방법이 용기와 지혜의 조화에 있음을 알려주고 있다. 잘라도 또 생기는 히드라 머리를 불로 지진 사례가 그러하다.

그런가하면 헤라클레스가 제우스를 모시기 위해 올리브 나무를 심은 뒤 4년마다 한번씩 올림픽을 개최한 일은 이제 남성 중심의 역사가 시작됐음을 뜻한다. 또 헤라클레스는 야만의 시대가 가고 문화의 시대가 시작됐음을 상징하지만, 동시에 남성의 급한 성격이 태생적 한계임을 일깨워주고 있다. 헤라클레스가 최고 영웅으로 대접받으면서도 인간적 신으로 모셔지는 결정적 이유이다.

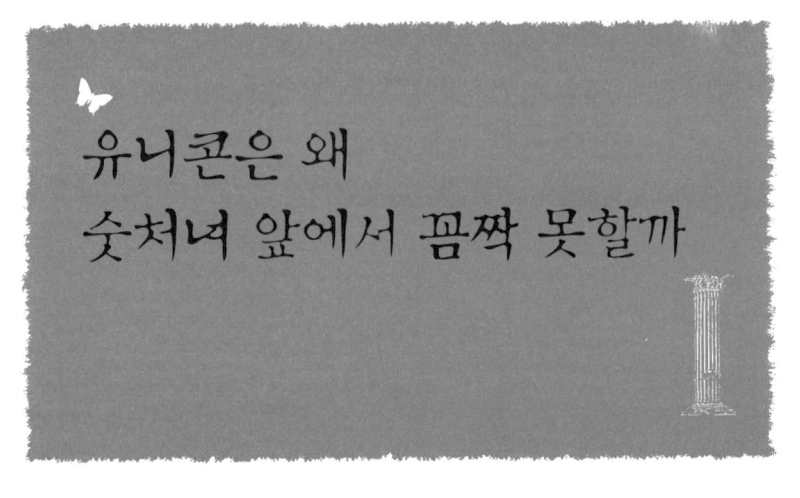

유니콘은 왜
숫처녀 앞에서 꼼짝 못할까

　　　　　　　　　"전설의 동물 유니콘은 존재한다.
순결한 처녀가 그 짐승의 뿔을 자기 가랑이 속에 끼우면 유니콘은 이
내 곤히 잠든다."

　서기 7세기 경 세빌라의 대주교 이지도루스가 주장하여 사람들에
게 충격을 준 말이다. 도대체 유니콘이 무엇이기에 크리스트교 신앙
이 유럽을 지배했던 당시 고위 성직자가 그런 말을 했을까?

　유니콘(Unicorn)은 오랜 옛날부터 많은 문화권에 등장하는 괴물이
다. 세계 4대 문명의 하나인 메소포타미아 그림을 비롯해서 인도 고
대신화와 그리스 문학에도 일각수(一角獸.외뿔 짐승)에 대한 언급이 있
다. 그 모습은 어떠할까?

기원전 400년 경 활동한 그리스의 역사학자 그테시아스는 유니콘에 대해 이렇게 기록했다.

"몸이 희고 머리는 자주색이며 파란 눈을 하고 있다. 이마에는 50cm 정도 되는 커다란 뿔이 달려 있다. 뿔은 여러 색을 지니고 있다. 끝은 붉고 중간은 검으며 밑은 흰색이다. 유니콘 크기는 인도 야생 당나귀만 하다."

고대 그리스인들은 유니콘의 뿔에서 나오는 피를 마시면 위통과 간질을 치료하고 독(毒)에서 해독될 수 있다고 믿었다. 그래서 코뿔소 뿔을 유니콘 뿔로 믿고 거기에 음료를 담아 마시기도 했다. 행여 모르고 독극물을 마셨더라도 유니콘의 뿔로 해독이 될 것이기 때문이다.

그러나 유니콘은 로마시대에 이르러 그 모습에 변화가 생겼으니, 기원전 1세기 경 활동했던 로마 박물학자 플리니우스는 아래와 같이 설명하고 있다.

"유니콘은 매우 난폭한 동물이다. 몸체는 말과 비슷하며 머리는 사슴, 발은 코끼리, 꼬리는 멧돼지와 같고, 검은 뿔 하나가 이마 한가운데에 나와 있다. 낮은 신음소리를 낸다. 이것을 산채로 붙잡는 것은 불가능하다."

몸의 모습이나 뿔의 모양이 그리스의 유니콘과 여러 모로 달라진 것이다. 심지어 이 동물의 심장은 여러 질병에 특효약이라고까지 추가 설명되었다. 그렇지만 뿔이 하나라는 점과 뿔에 해독 능력이 있다는 점만은 공통적으로 강조되었다. 또한 유니콘은 이마의 뿔을 이용해 공격하고 상대에게 기습공격을 하는 것이 주특기라고 소개된 점

15세기 중엽의 자수에 새겨진 유니콘 처녀의 곁에서 평화로운 자세를 취하고 있다.

도 같았다. 도무지 약점이 없는 괴물이었다.

이처럼 로마시대까지만 해도 유니콘은 여러 동물의 몸이 합쳐진 괴물이었지 백마(白馬), 즉 흰말과는 거리가 멀었다. 유니콘이 백마의 몸에 뿔 하나를 가진 신성한 괴물로 정형화된 것은 서기 4세기를 전후하여 크리스트교가 유럽에 급속히 전파되기 시작한 뒤부터의 일이다.

성서에서 유니콘은 인간을 위하여 구원의 뿔을 들어올리고 동정녀 성모 마리아의 몸속에서 자란 그리스도와 자주 관련지어졌다. 또 유니콘은 약점이 없지만 젊은 처녀에게만은 안심하고 순종한다는 믿음이 있는데, 이것 역시 동정녀 마리아와 연관시킨 크리스트교 전설이다. 이 때문에 유니콘을 잡으려면 순진한 처녀를 이용하면 된다는 속설이 널리 퍼졌다.

더불어 유니콘은 여러 왕실에서 가문의 문장(紋章)으로 이용하기 시작했다. 성스러운 괴물이 자기 가문을 수호해주기 바라면서 그렇게 한 것이다. 특히 잉글랜드와 스코틀랜드가 제임스 1세 밑에 처음으로 합쳐진 이래 사자와 일각수 유니콘은 영국 왕실의 문장(紋章) 속에서 함께 살며 대영제국을 상징하게 되었다.

그 이전에는 영국의 방패 모양 문장은 사자 한 마리와 드래곤 한 마리가 받들고 있었다. 유니콘은 스코틀랜드에서 온 것이다. 스코틀랜드의 문장은 고귀한 짐승인 일각수 두 마리가 지탱하고 있었다.

다른 여러 나라에서도 유니콘을 그림 소재로 많이 그렸고, 크리스트교가 번성했던 중세 유럽에서 유니콘은 나무 아래에 처녀와 함께 있는 모습으로 많이 등장한다.

그런데 왜 유니콘은 성모마리아와 자주 그려진 것일까?

고대 세계의 상징체계에 있어서 사자가 남성이라면 유니콘은 여성을 상징한다. 또한 순결, 순수, 정숙함, 착함, 청렴함을 상징한다. 그리스 · 로마에서 유니콘의 뿔은 초승달 모양을 하고 있으며, 달의 여신 아르테미스의 상징으로 여겨진다.

또한 유니콘의 뿔은 하나인데, 그것은 두 개가 하나로 합쳐진 통일(혹은 조화)을 상징하며 동시에 '물을 정화하는 자'로서 혼탁한 세상의 사람들을 구원해주는 힘을 의미한다.

이와 같은 특별한 의미 때문에 유니콘은 '생명의 나무'를 보호하는 수호자로서 나무의 좌우에 그려졌으며, 세상을 구원하기 위한 상징으로 거룩한 성모 마리아와 함께 그려졌던 것이다. 그리스 · 로마 시대에 잡다한 색깔이었던 유니콘이 중세 유럽에 접어들어 백마로

표현된 것도 깨끗한(순결한) 이미지를 강조하기 위함에서 비롯된 일이다.

바꿔 말하자면 유니콘은 방황하는 야성적 영혼이요, 처녀는 그 영혼을 어루만져주어 달래는 어진 보호자에 다름 아니었다. 그러하기에 구원의 빛을 상징하기 위해 외뿔만 아니라 몸 색깔도 빛의 색깔인 흰색으로 상상했던 것이다.

하지만 유니콘의 외뿔에는 종교적 성스러움 이전에 육체적 성애의 의미가 숨어 있어서 은연중 논란을 불러일으켰다. 외뿔은 남성의 남근, 성처녀는 숫처녀를 상징하고 처녀가 유니콘의 외뿔을 받아주는 것은 성행위를 연상시켰기 때문이다. 따라서 이는 사실상 처녀성을 밝히는 남성의 속물적 근성을 은유적으로 표현한 그림이었다.

16세기 그림의 유니콘 처녀에게서 다소 떨어진 채 그려져 있다.

교회에서도 그런 점을 익히 알았기에 16세기 이후에는 여인이 유니콘을 감싸 안거나 유니콘의 뿔을 가랑이에 넣은 그림을 그리지 못하게끔 조치했다. 이로 인해 한 동안 유니콘은 처녀 옆에 서 있거나 무릎에 머리를 대고 잠들어 있는 모습으로 표현되었다.

그러나 근대에 이르러 종교의 영향력 감퇴와 더불어 유니콘의 상징성이 희박해지면서 유니콘은 그저 특이한 괴물에 지나지 않게 되었다.

정리하자면 '신성한 외뿔'은 뿔 두개가 일반적인 동물 특성에 비교해 색다른 데서 비롯된 관념이며, 그 몸은 지역 특성에 맞춰 사슴에서 말로 변한 것이니 유니콘은 고대 전설이 아니라 중세 종교가 낳은 상징인 셈이다.

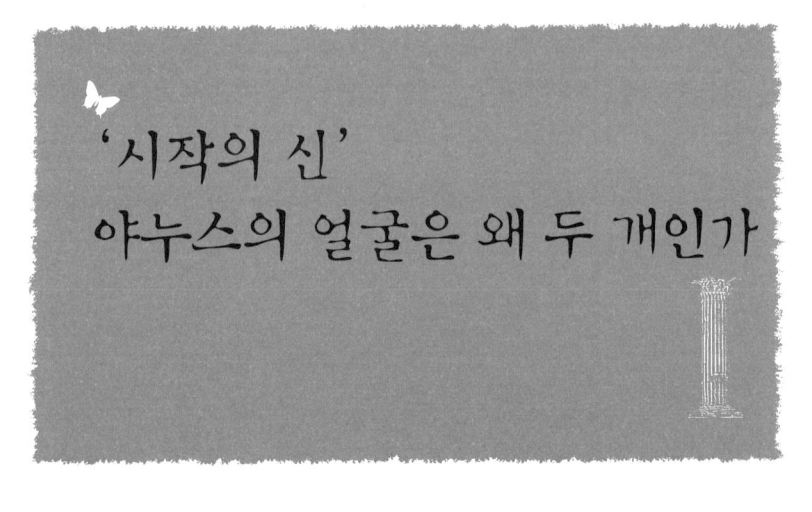

'시작의 신'
야누스의 얼굴은 왜 두 개인가

"시대는 번갈아 가고 기회는 걸어 가는 길에 따라 바뀐다. 나쁜 것에서 좋은 것으로, 행운에서 악운으로."

16세기에 활약한 영국 시인 R. 사우드월이 「시대는 돌고 돈다」에서 한 말인데, 중국 고사성어 '새옹지마'(塞翁之馬)를 연상시켜 흥미롭다. 한때 힘들었던 고통이 훗날 성공의 바탕이 되거나 현실을 이겨나가는 강한 의지의 밑거름이 되는 경우가 있듯, 우리가 인생에서 겪는 수많은 일들이 좋은지 나쁜지 그 순간의 느낌으로 온전히 판단해서는 곤란하다는 이야기이다.

신(神)도 마찬가지다. 처음에는 감히 어떤 흉도 생각할 수 없는 완벽한 신으로 등장했다가 세월이 흐르면서 이런저런 결점을 가진 인간적 신으로 변모한 경우가 대부분이다. 그리스의 많은 신을 비롯해 동양의 신들도 인간처럼 불쾌하면 화를 내고 기분 좋으면 웃는다. 결국 신의 모습은 인간의 보편적 심성을 형상화한 심상(心象)인 셈이다.

그런 점에서 야누스(Janus)는 매우 특이한 신이라 할 수 있다. 그 탄생배경과 전혀 다른 엉뚱한 심상을 지니고 있기 때문이다. 왜 그럴까? 야누스는 그리스 신화에 등장하지 않는 로마 고유의 신으로 다음과 같은 전설이 전해져온다.

혼돈의 시대 때 아들 제우스의 반란에 패배한 크로노스가 이탈리아로 쫓겼는데, 그때 야누스라는 위인이 라티움까지 동행했다. 야누스는 그곳에서 라티움의 왕으로부터 환대를 받고 땅 일부를 양도받았으며 강물 맞은편 언덕에 새 도시 야나쿨룸을 건설하였다.

통치 기념으로 로마 시내를 흐르는 강물을 야누스의 아들 이름을 따서 티베르 강이라 했다. 라티움 왕이 세상을 떠난 뒤에는 나라 전체를 다스렸는데, 백성들에게 여러 기술을 가르쳐서 야만적 생활을 벗어나게 해주었다. 따라서 야누스는 큰 존경을 받았고 죽은 후 신으로 모셔졌다.

야누스는 죽어서도 로마를 잊지 않고 지켜주었다. 사비니족의 침공으로 로마가 위기에 빠졌을 때 뜨거운 온천수를 분출시켜 공격자들을 물리친 것이다. 로마인들은 이 기적에 감사하며

야누스 동전 다른 방향을 지키는 수호신이므로 얼굴 표정 자체는 똑같다.

이후 야누스 신전에 문을 세우고 위기에 처할 때 도움을 받고자 했다. 즉 문을 열면 신에게 나와서 도와달라는 뜻이고, 문을 닫으면 평화로우니 걱정하지 말고 편히 쉬시라는 의미였다. 이에 연유하여 '열린 문'과 '닫힌 문'은 각기 전쟁과 평화를 상징하게 되었다.

또한 로마인들은 신의 승리를 기념하고자 도시 곳곳에 온천처럼 솟구치는 분수를 만들었다. 분수는 승리의 상징이자 하늘을 받드는 신성한 물이었던 것이다. 덕분에 훗날 로마는 '분수의 도시'라는 별명을 얻게 되었다.

사실 야누스 신화는 신의 위대함을 빌려 로마 건국의 신성함을 강조하려는 배경을 갖고 있으며, 그 전략은 성공적으로 진행되었다. 전쟁에 나가는 군인들이 이 문을 통과하면서 행운을 기원하였고, 일상생활에서 기도할 때 신들 이름 중에서 가장 먼저 야누스를 부르는 관습이 생겼던 것이다.

로마인이라면 누구 할 것 없이 야누스를 문(門)의 수호신으로 성스럽게 모셨다. 이때 문의 방향은 두 개이므로 신의 얼굴도 양면을 바라보게 표현되었다. 사방으로 난 문의 경우에는 네 개 얼굴을 가진 신으로 표현되었으나 대체로 두 개 얼굴이 일반적이었다.

하지만 '출구'와 '입구'로 대표되는 야누스의 양면성은 거기서 멈추지 않고 다양한 상징을 지니기 시작했다. 경계선에 서 있는 사람을 기준으로 해서 공간적으로 안과 밖, 시간적으로 과거와 미래, 기회(가능성)로는 성공과 실패라는 개념이 도출된 것이다. 나아가 어느 방향이든 간에 문을 떠나는 것은 출발이므로 사물의 시초를 주관하는

야누스 조각상　야누스의 양면 얼굴은 '출구'와 '입구'를 동시에 상징하고 있다.

의미도 가졌다. 이제 야누스는 '시작' 혹은 '출발'의 신이 된 것이다.

로마인들은 달력에 야누스를 모시기에 이르렀다. '시작이 좋으면 한 해 동안 일이 잘 풀리리라'는 생각에서 정월을 야누아리우스(ianuarius)라 이름 짓고 상서로운 달로 여겼다. 1월을 뜻하는 영어 January는 여기에서 유래되었다.

그러나 로마인들이 그리스 신화를 받아들이면서 문제가 생겼다. 그리스에 등장하는 여러 신을 일일이 로마식으로 바꾸다보니 야누스와 비슷한 신이 없음을 알게 된 것이다. 그리스 문화를 세련되게 생각한 로마인들은 자신들의 고유 신을 그다지 자랑스러워하지 않았으며, 은근슬쩍 그리스 신보다 낮추어 놓았다. 이것은 비극이었다. 자신이 자신을 사랑하지 않으면 누가 자신을 좋게 보겠는가 말이다.

그래도 야누스는 문지기의 상징성을 굳건히 지킨 채 '좋은' 신으

로서의 권위를 한 동안 유지했다. 이때까지만 해도 야누스에게 위선자라거나 이중적인 심상은 전혀 없었다.

그런데 18세기 초 활동한 영국 철학자 샤프츠버리가 1711년 출판된 그의 책 『인간·예절·의견·시대의 특성들』에서 "한쪽 얼굴로는 미소를 억지로 짓고, 다른 쪽 얼굴로는 노여움을 드러내는 작가의 야누스 얼굴(이중성)"이라는 표현을 함으로써 야누스를 '위선적인 얼굴'로 통하게 만들었다.

물론 이는 신화에 없는 왜곡된 해석이었다. 하지만 사람들은 원래 이야기에 관심을 두지 않고 새로운 표현을 마음에 들어 했다. 샤프츠버리의 책은 영국뿐 아니라 유럽의 여러 나라에도 널리 번역되었기에 야누스는 아예 그런 뜻으로 굳어졌으며, 영어사전에도 Janus-faced(양면성인, 표리가 있는)라는 단어로 오르게 되었다.

이런 배경 때문에 오늘날 '야누스의 얼굴'은 '위선자' 또는 '가증스러운 얼굴'을 상징하는 말로 통하고 있고, 서로 상반되거나 표리 부동한 모습을 묘사할 때 쓰이곤 한다. 야누스로서는 참으로 억울한 일이다. 그렇지만 이를 어쩌랴. 사람들은 먼저 알게 된 지식이 잘못된 것일 지라도 강한 필요성을 느끼지 않는 한 굳이 고치려 하지 않으니 말이다.

그러나 신화에서 비롯된 말이라면 그 참뜻만은 기억해두는 게 좋으리라. 과거를 되돌아보면서 미래를 내다보고, 서로의 조화를 통해 평화를 지향하는 야누스야말로 사람이 세상을 살아가는데 있어 항시 유념해야할 기준일지니……

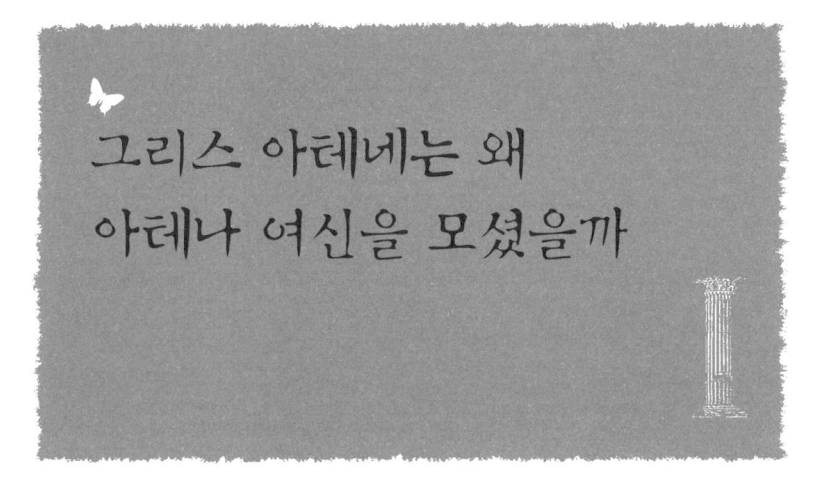

그리스 아테네는 왜 아테나 여신을 모셨을까

2004년 8월 그리스의 아테네는 올림픽 열기로 뜨거웠다. '108년만의 귀향'으로 불린 근대 올림픽 기념축제로서 세계인의 흥미를 불러 일으켰으며, 또한 아테네라는 도시에 대해 새삼스럽게 관심을 이끌어냈다.

그리스 수도 아테네(Athens)는 아테나(Athena) 여신과 관련되어 있음은 널리 알려진 사실이다. 그렇다면 고대 그리스인들은 왜 아테나를 특별히 숭배했을까?

아테나는 그리스 신화에 등장하는 12신 가운데 하나이며, 제우스의 딸이기도 하다. 그 이름은 '하늘의 여왕'을 뜻하는 수메르어 아나타(anatha)에서 유래했다. 지성·기술·전쟁을 담당하고 항상 갑옷과

투구로 몸을 감싸고 다니는데, 여기에는 사연이 있다.

아버지에게 반란을 일으켜 정권을 뺏은 제우스는 행여라도 도전자가 생길까 염려하며 지냈다. 그런 그에게 따뜻한 위로를 해준 이가 있었으니 지혜·사려의 여신 메티스였다. 제우스는 아름답고 사려 깊은 메티스에게 반해 즉각 청혼하였고, 이내 두 사람은 행복한 결혼 생활을 시작했다. 제우스가 헤라를 알기 훨씬 전의 일이었다.

그런데 할머니 가이아가 불길한 예언을 하는 바람에 제우스의 마음이 흔들렸다.

"메티스가 낳은 아들이 네 권좌를 빼앗으리라."

반역이라니! 다급해진 제우스는 급히 달려가서 막 아이를 낳으려는 메티스를 잡아먹었다. 마치 쿠데타로 권력을 잡은 독재자가 불안감으로 인해 마음 내키는 대로 사람을 잡아 가둔 것처럼.

하지만 제우스는 금방 심한 두통을 느꼈다. 얼마나 아팠던지 대장장이 신 헤파이스토스에게 이렇게 명령했다.

"네 도끼로 내 머리를 쪼개어라. 도대체 왜 이렇게 아픈지 이유를 알아야겠다."

이윽고 도끼가 번쩍하더니 제우스 머리에서 갑옷 입고 창을 든 여신이 튀어나왔다. 그가 아테나였는데, 어머니의 지혜·사려를 이어받았고 더불어 아버지의 용맹·힘을 물려받았다. 아테나는 세상에 나오자마자 신중한 자세를 보였다. 이는 벌거벗은 몸이 아니라 무장한 상태로 출생한 데서 알 수 있듯 운명의 체질에서 비롯된 몸짓이었다.

그건 그렇고, 제우스는 아테나를 보고나서 곧 기분 좋은 표정을 지었다. '딸이로구나.' 아들이 아니므로 반역 걱정을 하지 않아도 됐기

갑옷 입고 태어난 아테나 온몸을 감싸고 있는 갑옷은 조심 스럽게 처신하는 신중함을 상징한다.

때문이다. 아내를 죽인 것에 대해서도 뒤늦게 후회하였다. '내가 경솔 했구나.'

제우스는 미안한 마음에 아테나에게 무척 잘해주었다. 자신의 상 징이던 방패를 선물로 주었고, 아테나의 말을 잘 들어주었다. 그러므 로 엄밀히 말해 아테나에 대한 제우스의 사랑은 무조건적인 자식애 가 아니라 대타(代打)에 대한 보상 애정이었다.

그래서일까. 아테나는 평소 생활에서 밝고 즐거운 기분을 맛보지 못했다. 많은 괴물을 물리칠 때마다 약간의 보람을 느끼기는 했지만

사색에 잠긴 아테나 생각에 잠긴 모습은 사랑 결핍에서 오는 쓸쓸함을 상징한다.

그것으로 그만이었다. 아버지로부터 절대적인 사랑을 받으면서도 어딘지 모르게 쓸쓸하고 허전한 마음. 그러하기에 아테나는 언제나 사색에 잠기곤 했다.

아테나는 싸움에 관한 한 독특한 모습을 보였다. 다른 신들이 무기나 힘으로 적을 제압하는데 비해 아테나는 지성적인 전술을 써서 큰 피해 없이 상대를 제압했다. 포세이돈과의 싸움에서 그런 면모가 여실히 드러났다.

제우스에 이어 2인자였던 포세이돈은 어느 날 아크로폴리스 언덕을 차지하기 위해 바위를 쳐서 소금샘물을 솟아나게 했다. 소금물은 땅의 식물들을 일시에 죽게 만드는 바 시민들에게 두려움을 주어 자신을 숭배하도록 하기 위함이었다.

반면에 아테나는 창으로 대지를 쳐서 올리브 나무를 솟아나게 했다. 그 열매로 기름을 짜내 음식을 맛있게 하라는 의미였다. 결국 싸움은 아테나의 승리로 끝났고, 시민들은 자기네 수호신으로 아테나를 택했다. 사람은 겁이 많은 것처럼 보이지만 실제로는 두려움에 굴복하기보다 현실적 이익을 택한다는 사실을 아테나는 잘 알고 있었던 것이다.

아테나는 시민들에게 직물 짜는 법과 도기 만드는 기술, 그리고 다친 곳을 치료하는 의술을 가르쳐 주었다. 이제 아테네는 의심할 여지가 없는 아테나의 도시가 되었다.

그리스인들은 아테나가 내려준 올리브 나무를 특별하게 여기며 그 열매로 만든 올리브오일을 요리 재료로 사용하는가 하면, 운동선수의 지친 몸을 풀어주는 긴장해소제로 이용했다. 뿐인가. 대리석 조각상을 빛낼 때 올리브 오일을 발랐고, 어둠을 밝히는 등잔 기름으로도 썼다.

올리브에 대한 각별함은 여기서 그치지 않았다. 아테네인들은 기원전 776년 시작된 고대 올림픽에서 우승자에게 올리브 가지로 엮은 올리브관을 수여했다. 이는 포세이돈에 대한 아테나의 승리를 기리기 위한 기념물이었다. 모두가 아테나의 배려를 감사하기 위한 일이었다.

그러나 어찌 근거없는 신화가 있으랴. 그렇다면 올리브를 신성시한 진짜 이유는 무엇일까?

이는 그리스인들이 생활 터전으로 삼은 지역적 특성에서 나온 신앙이었다. 추운 북쪽에서 따뜻한 남쪽으로 내려온 사람들이 지중해 연안에 자리잡으면서 지역 특산물의 가치를 매우 높게 평가했고, 올리브 나무를 자연스레 신의 선물로 여긴 것이다. 이곳에서 미케네 시대의 그리스인 유적이 발굴된 것이나, 고고학자들이 미로로 유명한 크레타섬 미노스 궁전을 발굴할 때 올리브 나무가 있는 곳을 단서로 삼은 일화가 그것을 증명하고 있다.

오늘날 아테나는 그 어디에서도 볼 수 없다. 그를 모셨던 파르테논

신전 잔해만이 옛날의 영광을 짐작하게 할 뿐이다.

하지만 그리스인들은 여전히 올리브를 사랑하고 있다. 올리브 샐러드 덕분에 장수국가의 명성을 누리는 실용성도 있지만, 그보다 '고대 그리스 문화가 서양문명의 정신적 고향'이라는 자부심이 더욱 큰 까닭이다. 인간의 특성과 환경의 고마움을 신화로 만들어 생각하고 아끼고 존중하는 풍토—그리스 신화가 널리 공감받는 이유이기도 하다.

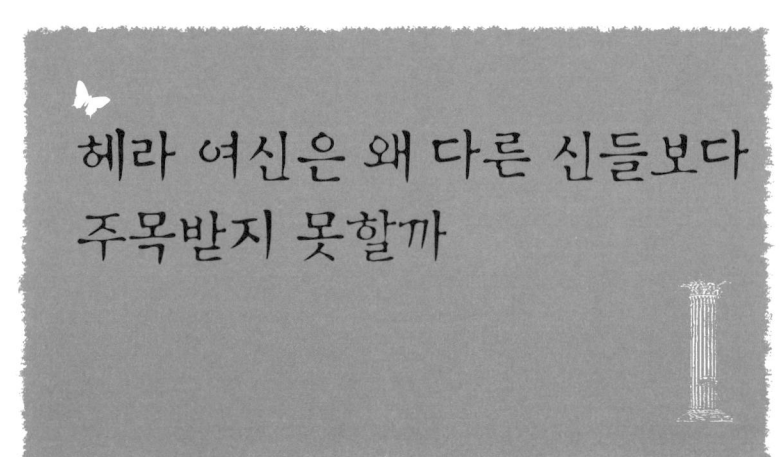

헤라 여신은 왜 다른 신들보다
주목받지 못할까

그리스 신화에는 수많은 신이 등
장하지만 그중 12신은 특별한 신으로 여겨지며 관련된 이야기도 가
장 많다. 인간 내면에 들어있는 주요한 성격을 상징화했기 때문이다.
그런데 12신을 자세히 들여다보면 무려 10신이 남녀 특징을 교묘하
게 대칭시켜서 흥미롭다. 구체적으로 살펴보자.

아폴론이 해와 입법의 신이라면, 아르테미스는 달과 사냥의 여신
이다.

아레스가 난폭한 전쟁의 신이라면, 아테나는 지적인 전술을 이용
하는 전쟁의 여신이다.

헤파이스토스가 대장간의 신으로 신들에게 필요한 각종 무기나 도

구를 만든다면, 아프로디테는 아름다움의 여신으로서 외모를 통한 사랑의 힘을 보여주고 있다. 이는 남성의 경제력, 여성의 외모를 상징화한 것이다.

포세이돈이 무서운 파괴력을 지닌 바다의 신이라면, 데메테르는 농업의 여신으로 곡물 성장을 담당하는데, 이 역시 남성의 폭력성과 여성의 생산성을 단적으로 표현한 것이다.

제우스는 올림포스 최고의 신으로 남성의 바람둥이 기질을 나타내고 있고, 헤라는 가정의 여신으로 결혼·출산을 맡고 있다. 그런데 헤라는 여느 여신과 달리 아름답거나 매력적인 모습을 보여주기보다 질투하고 화를 내는 모습으로 표현되기 일쑤이다. 왜 그럴까?

널리 알려졌다시피 제우스는 아버지를 내몰고 강제로 지배권을 빼앗은 신으로 절대적 권위를 지니고 있다. 그러나 비바람과 번개로 세상을 제압할 정도의 강력한 힘을 지닌 제우스도 꼼짝 못하게 만드는 이가 있으니 바로 헤라 여신이다. 헤라가 어떠하기에 그럴까?

헤라는 여성의 여러 내면성 중 아내를 형상화한 신이다. 다른 시각에서 볼 때 아르테미스가 여성의 처녀성과 순결을, 데메테르가 모성(母性)을 상징한다면 헤라는 남편과 가정을 가진 아내인 것이다.

일반적으로 애정관계에 있어서 여성은 남성보다 더 적극적인 경향이 있다. 특히 가정에 관한 일은 더욱 그렇다. 전통적 사회구조에서 남자는 일에 몰두하는데 비해 여자는 가정이 전부이기 때문이리라.

더구나 아내로서의 여성은 처녀 때처럼 활동적이지 않고 가족관계에서 자기의 존재 의미를 찾으므로 그 관계성을 무너뜨리는 일에는 절대로 묵과할 수 없다. 따라서 헤라 입장에서는 가정의 평화를 파괴하는 행동에 대해서 단호히 대응할 수밖에 없었다. 다만 남편 자체를 어쩌지 못하는 상황인지라 그 대상인 여자들을 벌주곤 했던 것이다.

물론 뜻하지 않은 일을 맞았을 때 여성이라 하더라도 사람에 따라 다른 반응을 보일 것이다. 살아온 환경이나 태생적 성질에 따라 그냥 모른 척하고 참거나 크게 화를 내리라.

그렇다면 헤라는 어떻게 대응했을까? 헤라는 제우스의 바람기가 근원적임을 알았기에 끊임없이 감시하고, 일이 터지면 즉각 대응하는 전술을 택했다. 님프 이오의 일만 해도 그렇다.

어느 날 낮인데도 갑자기 날이 어두워지자, 헤라는 직감적으로 제우스가 딴짓을 하기 위해 구름을 불러일으킨 것이라 생각했다. 하여 즉시 구름을 헤치고 보니 제우스가 잔잔한 강기슭에서 아름다운 송아지와 함께 있는 게 아닌가.

헤라는 쏜살같이 내려가 제우스에게 송아지의 정체에 대해 물었다. 물증은 없지만 심증으로는 님프일 것이라 생각하면서 말이다. 사실 그랬다. 제우스는 강의 신 이나코스의 딸 님프 이오와 밀회를 즐기다가 헤라가 구름을 걷는 순간 재빨리 암송아지로 변신시켰으니까.

헤라 여신 두상 그리스의 전형적 중년 여성 얼굴이다.

제우스는 새로 생긴 품종이라고 둘러댔다. 그러자 헤라는 참 아름다운 송아지라면서 자기에게 선물로 달라고 요구했다. 제우스는 거절하면 의심받을까봐 마지못해 그 부탁을 들어주긴 했으나 마음은 좌불안석이었다.

과연 헤라는 만만치 않았다. 송아지를 백 개의 눈을 가진 아르고스에게 넘겨주면서 엄중히 감시하라고 명령했다. 아르고스는 잘 때 두 개 이상 눈을 감지 않으므로 24시간 완벽히 송아지가 도망치지 못하도록 했다.

제우스는 애인의 이러한 고통을 보고 괴로워하였다. 차라리 헤라가 자기에게 화를 낸다면 기꺼이 욕을 먹을 텐데, 이제 와서 거짓말했다고 말할 수도 없어서 끙끙대었다. 결국 제우스는 헤르메스(전령의 신)를 은밀히 불러 아르고스를 퇴치하도록 명령했다.

헤르메스는 양떼를 모는 양치기로 변신하여 아르고스의 근처로 간 다음 피리를 불었다. 예상대로 아르고스는 아름다운 피리소리에 이끌려 양치기를 곁으로 오게 하여 연주하게 했다. 헤르메스는 재미있는 이야기로 아르고스의 긴장을 풀면서 잠들게 했다. 마침내 백 개의 눈이 모두 감기자, 헤르메스는 망설이지 않고 칼로 목을 내리쳤다.

그렇다고 일이 해결되지는 않았다. 뒤늦게 아르고스의 죽음을 알게 된 헤라가 그 눈들을 빼내어 공작 꼬리에 달면서 복수를 다짐했기 때문이다. 헤라는 불타오르는 증오심으로 등에 한 마리를 송아지에게 보내 온종일 귀속을 파고들며 괴롭히게 만들었다. 오늘날 공작 꼬리에 붙어있는 눈 모양의 무늬나 소에게 등에가 쫓아다니는 것은 이에 연유한 일이라고 한다.

마침내 제우스는 헤라에게 항복하면서 앞으로 이오와의 관계를 끊겠다고 약속했다. 그때서야 헤라는 이오를 사람으로 돌이키는데 동의했다.

그럼에도 불구하고 그 뒤에도 제우스의 바람이 끊이지 않자 헤라는 잠의 신 휘프노스에게 부탁하여 제우스를 잠들게 했다. 꼭 묶어두려는 심산이었다. 하지만 이 음모는 실패로 돌아갔고, 이후 헤라는 안주인으로서의 당당함을 잃은 채 남편의 숨은 애인을 찾아내 복수하는 여성으로 전락했다.

이상에서 살펴본 것처럼 헤라 신화는 표면상 대외적 지위를 유지하려는 중년 부부의 비뚤어진 욕망을 보여주고 있지만, 한편으로는 남편

사모스의 헤라 여신 케라뮤에스라는 부인이 헤라 여신에게 바친 봉납상이다. 가정의 평화를 지키기 위한 성의 표시로 여겨진다.

에게 제대로 인정받지 못하는 아내의 현실을 나타낸 것이기도 하다.

아이를 낳은 뒤부터 아내보다 어머니로서의 역할에 더 매달리는 모습은 오늘날에도 종종 볼 수 있으니, 어떤 삶이 바람직한지는 각자 판단할 일이다.

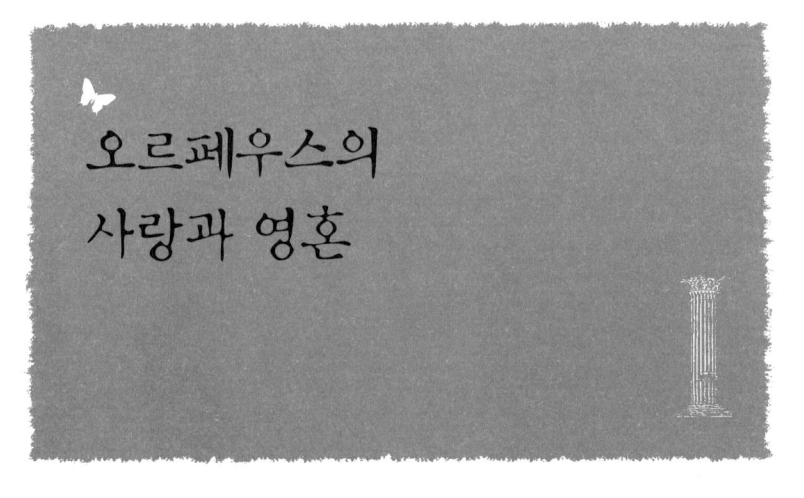

오르페우스의
사랑과 영혼

"그대 것이 아니거든 보지를 말라!
그대 마음을 흔드는 것이라면 보지를 말라! 그래도 강하게 덤비거든,
그 마음을 힘차게 불러일으켜라! 사랑은 사랑하는 자에게 찾아갈 것
이다."

사랑은 적극적인 자에게 관심이 많고 그런 사람들에게 달콤함을
안겨준다. 괴테는 평생 여러 여인과 사랑을 나누며 살았기에 위와 같
은 말을 하기도 했다.

하지만 사랑이 항상 행복만 주는 건 아니다. 즐거움은 잠깐이고 괴
로움이 무척 긴가 하면, 행복은커녕 감당하기 힘들 정도의 엄청난 고

통만 주기도 한다. 이렇듯 사랑
의 여로는 예측할 수 없으나 그
여정이 자못 인상적이기에 인류
사에는 사랑에 관한 수많은 이야
기가 전해져 온다.

오르페우스 이야기는 그리스
신화에 등장하는 대표적 사랑으
로 손꼽을 만한데, 거기에는 나름
의 상징이 숨어있다. 무엇일까?

오르페우스는 태양의 신 아폴
론과 뮤즈 칼리오페 사이에서 태
어난 악사이자 시인이다. 아버지

오르페우스의 에우뤼디케 사랑을 확인
하고자 뒤돌아보는 순간 저승으로 사라
지기 직전의 에우뤼디케.

아폴론에게 악기 연주법을 배워서 뛰어난 실력을 지니게 되었으며,
숲속 생명들에게 아름다운 음악을 자주 들려주었다.

하지만 평화로운 오르페우스의 삶은 아르고선 원정을 다녀오면서
부터 급격히 바뀌었으니 '사랑'이 원인이었다.

영웅 이아손의 간절한 부탁을 들어주고자 원정대를 따라 나섰을
때만 해도 오르페우스는 무엇 하나 부러울 게 없었다. 그의 음악을
듣는 이마다 한결같이 찬사를 보냈기 때문이다. 그의 진가는 이탈리
아 남부를 지나갈 때 세이렌의 매혹적인 노래를 물리침으로써 더욱
확실히 빛났다. 당시 세이렌은 아름다운 노래로 뱃사람들을 홀려 암
초에 부딪치게 하곤 했는데, 원정대는 오르페우스의 악기 연주를 듣
느라 세이렌에게 홀리지 않았던 것이었다.

이 사건은 세이렌으로 하여금 한 동안 노래를 부르지 못하게 할 만큼 자괴감을 안겨주었으며, 한편으로 의도를 가진 사악한 음악보다 진실을 담고 있는 노래가 공감을 얻는다는 평범한 진리를 일깨워주기도 했다.

모험이 끝난 뒤 오르페우스는 고향으로 돌아와 여전히 음악을 연주하며 행복한 나날을 보내다가 아름다운 처녀 에우뤼디케에게 반해 청혼했다. 에우뤼디케는 기꺼이 그 구애를 받아들였고, 사랑에 빠진 오르페우스에게 세상은 한없이 밝아 보였다. 오르페우스는 금은보화도, 권력도 없었지만 사랑 하나만으로 너무나 행복해했던 것이다.

그런데 결혼하는 날 에우뤼디케가 들러리들과 함께 신부 화환을

오르페우스의 연주 님프들이 오르페우스의 아름다운 음악을 감상하고 있다.

만들려고 꽃을 따러 들로 나갔다가 그만 독사에게 발을 물려 죽고 말았다.

"말도 안돼!"

오르페우스는 그 사실을 믿지 않으려 했다. 너무 큰 슬픔에 한참 울던 오르페우스는 신들에게 에우뤼디케를 돌려달라며 애원의 기도를 올렸다. 하지만 신들의 반응은 냉담했다.

'내가 직접 해결하러 가자.'

오르페우스는 에우뤼디케를 구하기 위해 한번 들어가면 다시는 살아서 돌아올 수 없는 저승으로의 여행을 떠났다. 저승까지의 먼 길을 가는 동안 여러 차례 위험이 있었지만, 그때마다 오르페우스는 악기를 연주하여 위기를 벗어났다.

저승으로 가는 스틱스강을 건널 때는 뱃사공 카론에게 음악을 들려주어 배에 올라탔고, 지옥문 파수꾼인 머리 셋 가진 괴물 케르베루스도 음악으로 달랬으며, 저승의 신 하데스에게도 음악을 연주하여 쇳물 같은 눈물을 이끌어냈다. 진정한 체험적 사랑을 담은 음악은 시대와 지역을 초월하여 애호되는 것과 같은 이치였다.

여간해서 감정의 동요가 없는 하데스이건만 오르페우스에게는 다음과 같이 자비를 베풀었다.

"에우뤼디케의 영혼이 너를 따라 인간세계에 가도 좋다. 그러나 만일 네가 뒤돌아보면 에우뤼디케는 내 나라로 돌아오게 될 것이다."

오르페우스는 뛸 듯 기쁜 마음을 억누르고 앞장서서 길을 나섰으며, 에우뤼디케는 말없이 뒤를 따라갔다. 하고픈 말이야 얼마나 많을

오르페우스의 죽음 동성애 사랑으로 인해 비극적 죽음을 맞이하였다.

까마는 이승에 도착할 때까지 서로 얼굴도 볼 수 없고 말도 나눌 수 없었다. 하여 터질 듯 뛰는 심장과 확인하고픈 호기심이 걸음 내내 강렬하게 작용했다.

그래서였을까? 지옥을 거의 벗어날 즈음 오르페우스는 에우뤼디케가 잘 따라오는지 궁금한 나머지 뒤를 돌아보고 말았다. 그 순간 에우뤼디케가 사라졌고, 뒤늦게 잘못을 깨달은 오르페우스는 울면서 돌아오라고 소리쳤다. 그렇지만 이제 와서는 그 어떤 방법도 없었다.

의심이 문제였다. 사랑을 확인하려해서는 안되는 금기를 건드리면 사랑은 영원히 떠나버림을, 오르페우스는 너무 아프게 느끼고 말았던 것이다. 바꿔 말해 사랑은 '육체'보다 '영혼'의 영역에서 더 민감함을 일러주고 있다.

사랑에 모든 걸 걸었다가 잃은 사람의 모습은 어떠할까?

오르페우스는 '고아'라는 뜻의 영어 단어 'orphan'의 어원이 된 데서 짐작할 수 있듯 희망없는 삶을 살았다. 오르페우스란 이름 자체도 '어둠, 밤'을 뜻하는 'orphne'과 관계있는데, 이는 '빛을 잃은 사람'이란 뜻이다. 사랑을 잃으면 모든 걸 잃은 것 같은 허망한 느낌이 바로 그러할 것이다.

오르페우스는 이후 미소년을 사랑하다가 동성애 사랑에 분노한 트라케 여인들에게 맞아죽고 말았다. 그와 더불어 동성애는 수면 속으로 사라지고 이성애만이 정상적 사랑으로 여겨지게 됐으니, 오르페우스는 '영혼의 사랑'을 여러 각도에서 보여주고 있는 셈이다.

그렇다면 에우뤼디케(Eurydice)는 무엇을 상징할까?

그 이름은 '넓은, 공평한'이라는 뜻의 형용접두어 'eury-'와 '정의'라는 뜻의 명사 'dice'를 합친 말이다. 다시 말해 사람이라면 누구도 피할 수 없는 운명이 에우뤼디케, 즉 '죽음'이라는 것이다.

그렇게 보면 영원할 것 같은 사랑도 언젠가는 끝이 있다는 말이 되니 사랑의 유효기간은 생물학적으로 따질 게 아닌 것 같다. 그러므로 사랑할 때 그 사랑을 느낄 수 있도록 평소 최선을 다해야 하지 않을까.

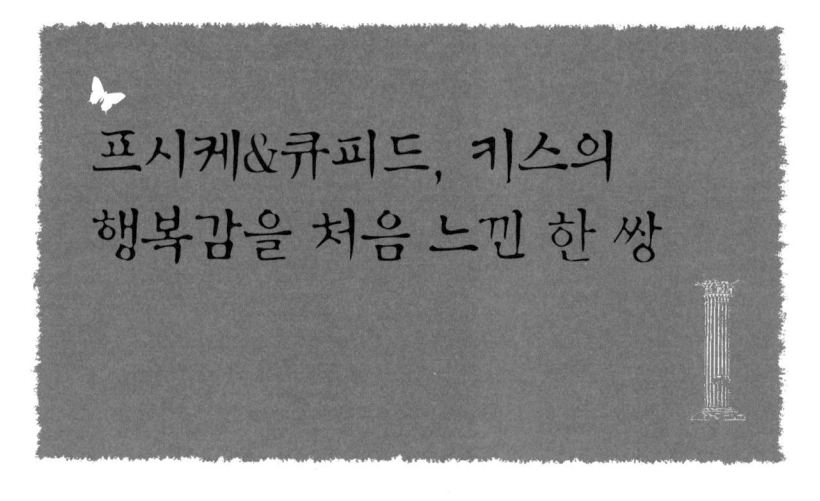

프시케&큐피드, 키스의
행복감을 처음 느낀 한 쌍

영어 단어의 상당수는 라틴어나
그리스어에 어원을 두고 있다. 예컨대 '생명·정신'을 뜻하는 영어
spirit(스프리트)는 '호흡이 행해지는 것'을 뜻하는 라틴어 spirtius(스피
르티우스)에서 유래한 말이다.

그러나 간혹 본래의 뜻과 다르게 변화해온 단어도 드물지 않으니
'정신병·신경증 환자'를 뜻하는 psycho(사이코), 심리학을 뜻하는
psychology(사이콜로지)란 말이 그렇다.

psycho와 psychology 모두 그리스 신화에 등장하는 미소녀이자
에로스(사랑의 신) 연인이기도 한 영혼 Psyche(프시케)에 어원을 두고
있다. 그렇다면 어찌하여 '영혼의 화신'이 '정신질환' 혹은 '심리'라

는 뜻으로 바뀌었을까?

그 유래는 그리스 신화를 물려받은 로마 신화로 거슬러 올라간다. 본래 프시케는 어느 왕국의 막내 공주로 두 언니보다 훨씬 미모가 뛰어났다. 그런데 그 미모가 프시케에게 불행의 씨앗이 될 줄 미처 몰랐으니, 미(美)의 여신 비너스보다도 아름답다는 소문이 나면서 많은 사람들이 직접 보기 위해 몰려들었으며, 그 바람에 비너스 여신에 대한 경의 표현을 소홀히 하고 말았다.

아름다운 프시케 프시케는 영혼의 아름다움을 형상화한 존재다.

이에 분노한 비너스는 아들 큐피드(그리스의 에로스와 동격의 로마신)에게 프시케를 세상에서 처음 보는 남자와 결혼하게 하되 가장 못생긴 남자와 사랑에 빠지게 하라고 시켰고, 어린 큐피드는 시키는 대로 했다. 그러나 프시케가 화살을 활에 재는 과정에서 화살촉이 살짝 큐피드의 팔을 스쳤고, 그로 인하여 두 사람은 보자마자 사랑에 빠지고 말았다.

욕망(큐피드)과 영혼(프시케)이 서로 사랑하게 된 것인데, 과연 그럴 수 있을까? 그것은 사랑에 대한 당시 사람들의 생각을 반영한 상상이었다. 바꿔 말해 사랑의 가치는 육체적 욕망(쾌락)에만 있는 게 아

니라 순수함이나 배려 따위 정신세계도 포함되어 있음을 확실히 인정한 것이었다.

큐피드는 당황한 나머지 어떻게 할까 생각하다가 깊은 산속 비밀 궁전으로 안내하여 거기서 지내게 했다. 그 집에는 아무도 없었지만 프시케가 그저 명령만 하면 어디선가 목소리가 대답을 하고는 무엇이든 마련해 주었다.

처음에는 이것저것 호화로운 것들을 가져보는 재미에 시간가는 줄 몰랐으나 이윽고 밤이 되자 프시케는 무서워서 울기 시작했다. 하지만 밤이 되면 한 남자가 나타나 새벽까지 정답게 대해준 덕분에 프시케는 안정을 찾고 행복을 느끼기 시작했다.

다만, 남자는 프시케에게 절대로 자기 얼굴을 보지 말라고 신신당부했고, 만약 자기 얼굴을 보게 된다면 영원히 헤어지게 되리라고 경

언니들에게 자랑하는 프시케 사랑으로 느낄 수 있는 행복을 나타내고 있다.

프시케를 죽음의 잠으로부터 구해주는 큐피드 사랑은 미련에서 자유로울 수 없음을 보여주고 있다.

고했다. 프시케는 그 이유를 몰랐지만, 남자(큐피드)는 사랑의 감정을 느껴서 성장해버린 몸을 들키는 게 싫었고, 그런 소문이 어머니(비너스)에게 전해지는 것도 싫어했던 까닭이다.

프시케는 그 약속을 지켰다. 남자가 자신이 원하는 것이라면 무엇이든 들어주었고 워낙 다정하게 마음을 보듬어주었기 때문이다. 두 사람은 입맞춤을 통한 짜릿한 행복을 최초로 경험하기도 했다. 말하자면 두 사람은 키스를 발명한 한 쌍이었으니, 애정 담긴 입맞춤이 단순한 입맞춤과 차원이 다른 '사랑의 결합'임을 인류에게 알려준 셈이었다.

그런데 물질이 풍족해도 프시케는 어딘지 모르게 허전한 마음이 들었다. 가만 생각해보니 바로 자기 가족들과 자신의 안부였다. 프시케는 자기의 행복한 모습을 알릴 수 있다면, 가족이 걱정하지 않을

것이므로 남자에게 언니들을 만나게 해달라고 부탁했다.

언니들은 자기 동생이 불행하게 살고 있으리라 예상하며 걱정을 안고 한걸음에 찾아왔다. 그러나 예상과 달리 프시케가 모든 게 완벽히 갖춰진 곳에서 잘 사는 것을 보자, 언니들은 질투심에 못 이겨 "남자가 괴물일지도 모르니 정체를 확인한 다음 죽여야 한다"라고 겁을 주었다.

프시케는 깊은 사랑으로 임신까지 한 상태였기에 믿지 않았으나 두 사람이 계속 교묘히 겁을 주자 급기야 갈등에 빠지고 말았다.

결국 프시케는 남자의 정체를 확인하고 싶어서 밤중에 몰래 등불을 켜고 얼굴을 확인하였다. 그랬더니 괴물이 아니라 잘생긴 청년이 누워있는 게 아닌가! 프시케가 안도감을 느낀 그 순간 잠에서 깬 남자는 기막힌 표정을 짓더니 그대로 사라져 비너스에게로 가고 말았다.

프시케와 사랑에 빠진 후 성인이 된 큐피드 어른 큐피드는 육욕이 동반된 사랑을 상징한다.

프시케로서는 육체가 사라지고 영혼만 남은 셈이었다. 이제 영혼이 갈 곳이 어디 있고, 자기의 존재감을 어디서 느낀단 말인가?

자기 잘못을 깨달은 프시케

는 비너스를 찾아가 애원하였고, 비너스는 사람으로서 도저히 해결할 수 없는 과제를 프시케에게 주어 포기하게끔 하고자 했다. 그 시련은 정말 어려웠으나 자연의 도움을 받아 무사히 마치는 데 성공했다.

하지만 마지막 관문에서 프시케는 또 큰 실수를 저질렀다. 호기심에 사로잡힌 프시케가 비너스에게 전해 달라고 부탁받은 상자를 훔쳐보았던 것이다. 그 상자 속에서 죽음의 잠이 튀어나와 몸을 덮으려 했으나 다행히 바로 그 순간 큐피드가 달려와서 죽음의 잠을 상자에 도로 집어넣는 바람에 목숨을 건졌다.

큐피드는 약속을 어긴 프시케에게 실망하여 떠났지만, 그 행동이 음모나 불신이 아니라 호기심이었음을 이해했기에, 뒤늦게 비너스가 가둬놓은 감옥을 탈출하였다가 위기의 순간을 목격하고 구해준 것이었다.

이 신화는 '사랑'은 나비처럼 변화하는 과정임을 일러준다는 점에서 되새겨볼 필요가 있다. 또한 그리스인들이 Psyche를 '영혼' 혹은 '나비'를 뜻하는 말로 생각한 이유도, 훗날 (영혼과 관계된) '정신질환·심리'라는 뜻으로 바뀐 이유도 거기에 있다.

요컨대 육체와 영혼은 하나일 때 완벽한 행복이지만, 자신을 둘러싼 환경이나 사랑은 항상 정해진 그대로가 아니라 수시로 변하므로 믿음으로 극복해나가야 한다는 것이다.

그러므로 프시케는 누군가의 음모에도 불구하고 때 묻지 않은 사랑의 영혼을 '청순한 여인'으로 형상화한 그리스·로마인의 독특한 정서임에 틀림없다.

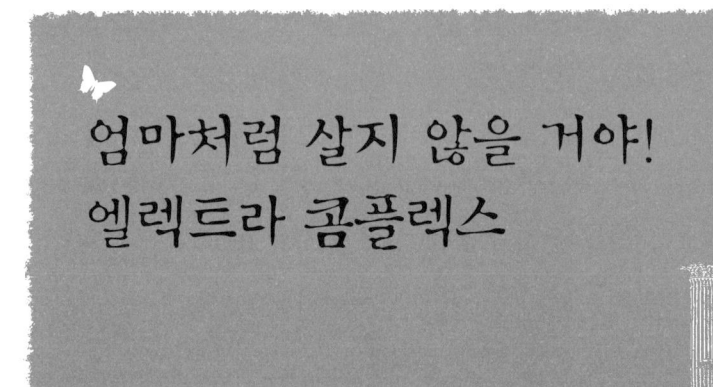

엄마처럼 살지 않을 거야!
엘렉트라 콤플렉스

"난 커서 아빠랑 결혼할 테야."

여자아이가 어렴풋하게 이성에 눈뜰 때 하는 말이다. 어린시절 혹은 사춘기에 자신의 여성성을 확인한 뒤 아버지에게 느끼는 이러한 사랑의 감정을 심리학에서는 '엘렉트라 콤플렉스'라고 한다. 엘렉트라가 누구이기에 그럴까?

엘렉트라(Electra)는 고대 그리스 남부 아르고스의 공주로 태어난 인물이다. 영웅 아가멤논이 아버지이고, 클리타임네스트라가 어머니로서 왕국에서 남부러울 게 없는 신분이었다.

19세기 말엽 유적 발굴가 슐리만에 의해 발견된 사자문과 황금 마스크를 비롯한 호화로운 유물들이 그 무렵 아르고스의 화려함을 여

영화 〈트로이〉 포스터 애욕으로 야기된 거대한 전쟁
뒤편에서 또 다른 애욕의 음모가 진행되고 있었다.

실히 보여주고 있듯이, 당시 거리에는 활기가 넘치고 사람들은 생기
에 넘쳐 즐겁게 살아가고 있었다.

아르고스, 즉 미케네 문명은 그리스 문화의 중심지로 번성을 누렸
지만 엘렉트라의 뒤를 이어 왕자 오레스테스가 태어날 무렵 그리스
에 트로이전쟁이 일어나면서 엘렉트라의 운명이 급격히 달라졌다.

전쟁은 트로이 왕자 파리스가 스파르타 왕 메넬라오스의 왕비 헬
레네를 유괴하면서 시작되었다. 절세미녀로 소문난 헬레네 납치는
그리스인 전체의 치욕으로 받아들여진데다 메넬라오스는 아가멤논

의 동생이고 헬레네는 아가멤논의 아내 여동생이었기 때문이다. 한 사람의 어리석은 애욕이 거대한 파도를 일으킨 셈이었다.

아가멤논은 그리스 총사령관으로 나서서 지금의 터키 서북단에 있는 트로이의 들로 진격했다. 하지만 전쟁은 그렇게 간단히 끝나지 않았다. 무려 10년이나 계속된 이 전쟁은 트로이 용사 헥토르와 그리스 용사 아킬레우스가 쓰러진 뒤, 지장(智將) 오디세우스의 목마 계략에 의해 그리스 승리로 막을 내렸다.

아가멤논은 기세등등하게 고향인 아르고스의 땅으로 돌아왔다. 왕비 클리타임네스트라는 아주 다정하게 아가멤논을 맞이하면서 우선 목욕부터 하라고 권했다.

'얼마만에 느끼는 달콤한 말인가.'

아가멤논은 들뜬 기분으로 욕조에 몸을 담갔다. 그 순간 왕비가 뒤에서 투망을 던지는가 싶더니 정부(情夫) 아이기스토스가 도끼를 휘둘렀다. 투망에 갇힌 아가멤논은 제대로 저항도 못하고 처절하게 비명을 내지른 채 숨지고 말았다.

세월의 간극이 가져온 음모였다. 왕비 클리타임네스트라는 독수공방을 견디지 못하고 다른 남자를 찾았고, 아이기스토스는 은연중 왕위를 노리고 왕비와 놀아났는데, 아가멤논은 여자에게 사랑의 현재성이 얼마나 큰지를 미처 몰라 변을 당한 것이었다.

전쟁의 와중에서라도 어떤 형태로든 왕비에게 애정을 전달했다면 비극을 면했을지 모를 일이지만, 아가멤논에게는 그런 마음의 여유가 없었다. 또한 아가멤논은 사랑의 영원함을 당연하게 생각했고, 클리타임네스트라의 사악함을 전혀 알지 못했다.

정변은 한 동안 성공한 듯 보였다. 아이기스토스는 새로운 왕으로서 한껏 권력을 누렸고, 왕비는 전남편 살해의 부담감을 떨치기 위해서 더더욱 현실의 쾌락을 즐겼다.

　그러나 음모는 또 다른 음모를 낳는 법이다. 아가멤논의 아들 오레스테스는 다른 나라로 피신하여 사촌 필라데스와 더불어 복수의 칼날을 갈면서 기회를 엿보았고, 아가멤논의 딸 엘렉트라는 성 안에서 어머니의 심사를 긁으며 반항했다. 엘렉트라는 아버지의 비명 소리를 한시도 잊지 못했기에 어머니를 결코 용서할 수 없었다.
　'다른 소녀라면 화려한 사랑을 할 나이에도 나는 여태껏 한번도 웃어본 일조차 없다. 어떻게 웃을 수 있단 말인가. 욕된 어머니의 손으로 사랑하는 아버지가 살해되었는데.'
　엘렉트라는 사사건건 어머니와 의붓아버지에 대한 경멸을 일삼다

R. 슈트라우스 오페라 〈엘렉트라〉　후기 낭만파 음악의 거장 슈트라우스는 복수심이라는 강박 관념에 따른 비극의 보편성을 오페라고 작곡하여 큰 공감을 불러일으켰다.

가 성 안에서 가장 어두운 방에 갇혔고, 거기에서 성년이 되도록 지내야 했다.

그러던 어느 날 왕비 클리타임네스트라는 무서운 악몽을 꾸자, 잠에서 깨자마자 아가멤논의 영혼을 위로하기 위해 엘렉트라를 시녀들과 함께 아가멤논의 무덤으로 보냈다. 엘렉트라는 말없이 길을 나섰고, 무덤 앞에서 동생 오레스테스와 사촌 필라데스를 극적으로 만났다.

세 사람은 머리를 맞대고 모의한 끝에 가증스런 아이기스토스와 클리타임네스트라를 죽이는데 성공했다. 죽기 직전 클리타임네스트라는 아들 오레스테스에게 젖가슴을 보이면서 "이게 네가 먹고 자란 젖이란다"는 말로 동정심을 유발하려 했으나, 엘렉트라가 "억울하게 돌아가신 아버지를 잊지 말라"며 동생을 분노하게 만들었다.

이후 엘렉트라는 필라데스와 결혼하여 필라데스의 고향으로 갔고, 오레스테스는 (패륜에 대한 벌로) 복수의 여신에게 쫓기어 떠돌아다니다가 아크로폴리스 언덕에서 간신히 구제받았다.

위 신화는 단순한 패륜 살인사건이 아니라 '아버지에 대한 깊은 애정과 어머니에 대한 증오'를 상징하는 용어 '엘렉트라 콤플렉스'를 낳았으며, 현대사회에서 여성에게 나타나는 비슷한 현상을 일컫고 있다.

그런 심리를 19세기 오스트리아 심리학자 프로이트가 처음 주목하고 창안해낸 말인데, 프로이트에 따르면 소녀들은 아버지에게 이성애를 당연하게 느끼며, 이때 상대적으로 어머니에게 적대감을 갖는다고 한다. 물론 실제로는 엘렉트라처럼 극단적 행위를 취하지는 않지만 심리적으로 상당한 거부감을 드러낸다는 것이다.

또한 적대감의 원인도 다양하다. 아버지를 무시하는 모습이나 아버지에게 무조건 수동적인 모습도 소녀의 눈에는 바람직하지 않게 보이는 까닭이다. 심한 경우 "엄마처럼 살지 않을 거야!"라고 외치기도 한다.

그렇지만 소녀가 여인이 되고 엄마가 되면 그 반발감이나 혐오감은 깊은 사랑으로 바뀐다고 하니, 엘렉트라 콤플렉스는 성적 정체성을 찾는 과정에서 겪는 찻잔의 태풍인 셈이다.

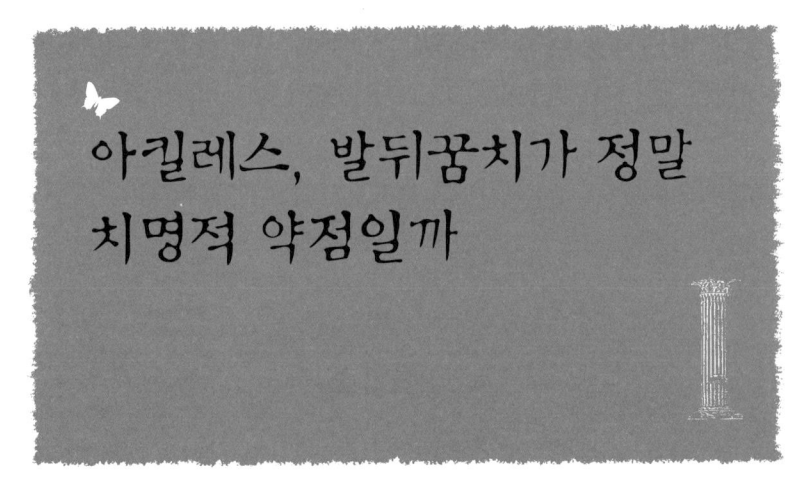

아킬레스, 발뒤꿈치가 정말 치명적 약점일까

        사람들은 아킬레우스(Achileus, 라틴어로는 Achilles) 하면 흔히 '아킬레스건'(Achilles' heel)을 떠올리고, 그 의미를 '취약점·치명적 약점'으로 생각한다. 아킬레우스의 유일한 약점이 발뒤꿈치(heel)였기 때문이다.

  하지만 한 가지 의문이 생긴다. 의학적으로 아킬레스건이 파열됐을 경우 발끝으로 설 수 없을 뿐이지 보행은 가능하다. 다시 말해 까치발이 불가능한 정도의 부상이지 죽을 만큼 치명적 질병은 아닌 것이다. 그런데도 불구하고 어찌하여 그리스 신화에서는 엄청나게 민감한 약점으로 여겨질까?

🕊 아킬레스건 파열은 큰 부상이 아닌데도 왜 치명적으로 여겨
   질까?

아킬레우스는 테살리아 왕 펠레우스와 바다 님프 테티스 사이에서
태어난 아들이다. 모든 어머니가 그렇듯 테티스는 자기 아들이 한 가
지 약점을 빼고는 완벽하다고 생각했기에 그 결점을 어떻게든 고쳐
주고자 했다. 여기서 약점이란 바로 인간을 말하고, 인간은 질병이나
상처에 의해 쉽게 죽을 수 있음을 뜻한다.

영화 〈트로이〉 미국 배우 브래드 피트가 아킬레스 역으
로 열연하였다.

리코메데스 궁전의 아킬레스 여장한 아킬레스가 무의식적
으로 칼을 집어 정체가 드러났다.

테티스는 그게 두려웠다. 신들처럼 오래 살려면 어떤 질병에도 이
길 수 있는 초능력이 필요한데 님프와 사람 사이에서 태어난 자는 인
간일 수밖에 없었으므로 아킬레스는 언젠가 죽을 운명이었다.

고민 끝에 테티스는 아들을 스틱스(Styx, 저승의 강)로 데려가서 강물
에 몇 차례 담갔다 꺼냈다. 스틱스는 모든 금속이나 돌을 부식시킬
정도로 지독한 독극물을 지녔으므로, 어떤 질병에도 노출되지 않은
갓난아이 때 미리 그 고통을 살짝 겪게 하면 내성이 생기리라고 믿었
던 까닭이다. 요즘말로 하면 만능 예방주사를 놓은 격이었다.

덕분에 아킬레우스는 어떤 상처에도 견딜 수 있는 피부를 지니게

되었고, 특별한 사고가 없는 한 죽지 않고 영원히 살 수 있게 되었다.

그러나 테티스가 미처 생각하지 못한 실수가 있었고, 그 실수로 인해 아킬레우스는 전혀 다른 약점을 가지고 말았다. 테티스가 아들을 강물에 넣을 때 살짝 붙잡았던 발뒤꿈치가 스틱스 물에 적셔지지 않았던 것이며 거기에 상처를 입으면 어떤 불행이 생길지 알 수 없는 노릇이었다. 약점을 고치려고 한 일이 그 약점을 고치는 대신 다른 약점을 만드는 꼴이 되고 말았던 것이다.

어찌됐든 아킬레우스는 무적 용사로 이름을 날리며 싸움판을 호령했다. 그러다가 트로이 전쟁에 참가하여 트로이 첫째 왕자 헥토르를 죽이는 등 큰 공을 세운다. 그리스 신화에 등장하는 아킬레우스 이야기는 여기에서 끝난다.

🕊 그리스어 아킬레우스보다 라틴어 아킬레스가 더 널리 퍼진 까닭

그렇다면 아킬레우스가 트로이 둘째 왕자 파리스가 쏜 독화살에 발뒤꿈치를 맞고 절명했다는 건 어디서 나온 이야기일까.

그 이야기는 그리스인이 아니라 로마인에 의해 지어졌다. 서기 1세기경 로마 시인 스타티우스는 서사시 「아킬레스 이야기」에서, 포세이돈과 아폴로가 트로이 전쟁에서 트로이 편을 들었고, 이때 파리스에게 독 바른 화살을 아킬레스 발뒤꿈치를 쏘라고 지시했다고 썼다. 아킬레우스라는 그리스어 이름보다 아킬레스라는 라틴어 이름이 오늘날 더 널리 퍼진 것도 이 책의 영향이 크다.

또한 로마 신화에서 아킬레스 약점은 사실상 발뒤꿈치가 아니라 '감정 자제 못함'이었다. 신화를 좀 더 보자.

아킬레스는 원래 트로이 전쟁에 참가할 마음도 계획도 없었다. 더구나 어머니 테티스는 아들이 전쟁에 나갈 경우 죽을 운명이라는 걸 알았기에 아예 사람들 눈에서 감춰놓고자 했다. 하여 아킬레스를 여자로 분장시켜 스키로스 왕 리코메데스 집안에 숨겼다.

그러나 아킬레스 없이는 승리하지 못한다는 신탁을 받은 오디세우스가 방물장수로 변장하여 리코메데스 집으로 들어와서는 젊은 여성들 앞에 화려한 옷이며 장신구들과 함께 무기도 슬쩍 늘어놓았다.

리코메데스의 딸들은 모두 패물이나 장신구를 집었으나 아킬레스는 무의식중에 칼을 집어서 정체가 발각되었다. 오디세우스는 때를 놓치지 않고 간청하여 아킬레스를 전쟁터로 이끄는데 성공했으니, 아킬레스는 눈앞의 인간적 정 때문에 어머니 당부를 잊어버린 꼴이었다.

🌱 아킬레스 약점이 진정으로 뜻하는 것

아킬레스는 트로이 전쟁 초기 큰 공을 세우고 미녀 브리세이스를 얻었다. 하지만 아가멤논이 브리세이스를 빼앗아가자 아킬레스는 분노한 나머지 싸움터에서 발을 빼버렸다. 이후 그리스 군대가 계속 패하자 아가멤논이 뒤늦게 막대한 보상을 제의하면서 화해의 손을 내밀었다. 아킬레스는 그 제의를 받아들이지 않았다. 엄청난 금은보화보다도 상처받은 감정, 즉 자존심을 더 크게 생각했기 때문이다.

상황은 그것으로 끝날 것 같
았다. 그런데 예기치 않은 일
이 벌어졌다. 절친한 친구 파
트로클루스가 아킬레스의 무
기를 가지고 출전했다가 헥토
르에게 죽임을 당하고 만 것이
다. 그 소식을 들은 아킬레스
는 크게 흥분하여 자진해서 전
쟁터로 나갔고, 헥토르와 1 대
1로 대결하여 복수를 하였다.
그리고는 헥토르 시체를 전차
에 매달아 끌고 다니면서 트로
이 사람들에게 모욕을 주었다.

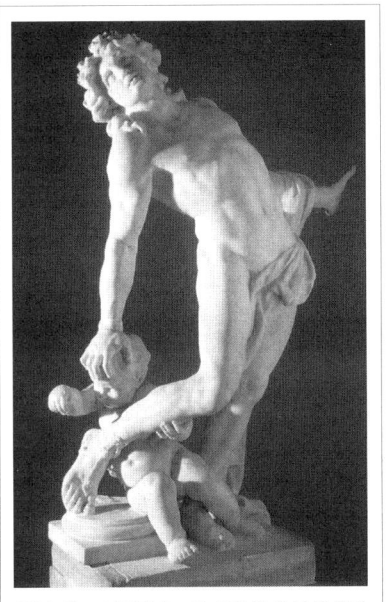

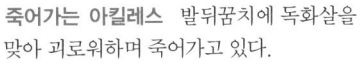

죽어가는 아킬레스 발뒤꿈치에 독화살을
맞아 괴로워하며 죽어가고 있다.

그게 죽음의 불씨가 될 줄을 모르고….

아킬레스는 한때 크게 흥분했으나, 어머니 테티스가 죽은 사람에
게 경의를 표하도록 충고한데다 헥토르의 아버지 프리아모스가 몰
래 찾아와 장례를 치를 수 있도록 시체를 돌려달라고 하자 많은 보상
금을 받고 내주었다. 이것 역시 철저한 계획이나 계산이 아니라 즉흥
적 감정의 변화에서 나온 행위였다.

그러나 감정적 대응은 감정적 대응을 불러일으키는 법. 아킬레스
가 친구 죽음에 모욕감을 느꼈듯이, 트로이 사람들 역시 아킬레스에
게 같은 기분을 맛보았고, 파리스 왕자도 그중 한 사람으로 형의 원
수를 갚고자 이를 갈았다. 결국 죽음의 존엄을 모르는 아킬레스에 대

한 신의 분노가 파리스에게 전달되었고, 파리스는 아폴론이 알려준 약점을 정확히 명중시켰다.

요컨대 아킬레스 약점은 감정을 다스리지 못한 데 있으며, 그리스·로마인들은 감정 절제가 전쟁(혹은 인생)에서 얼마나 중요한지 아킬레스건을 통해 비유적으로 강조한 것이다.

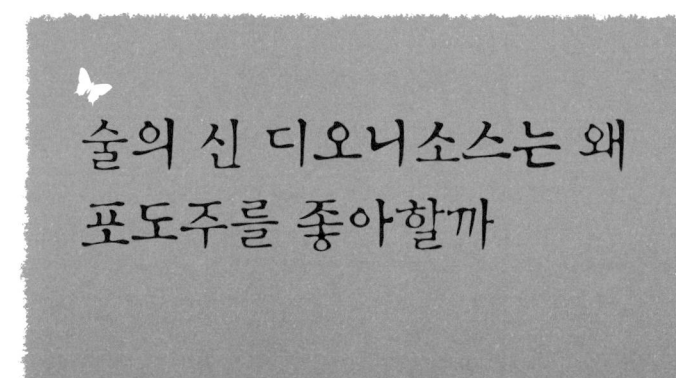

술의 신 디오니소스는 왜 포도주를 좋아할까

　　　　　　　그리스 신화에 등장하는 수많은 신들 중에서 단연 특이한 신이 있다. 술의 신 디오니소스(Dionysos, 로마의 바쿠스 Bacchus)이다. 디오니소스란 말 자체가 '불완전한 신'이란 뜻을 지니고 있음도 색다르다. 그는 왜 무슨 이유로 이름에서 온전한 신으로 평가받지 못하는 걸까?

제우스 넓적다리에서 태어난 고단한 운명

　디오니소스는 하늘의 신 제우스와 테베시 건설자 카드모스의 딸 세멜레 사이에서 나온 아들이지만 태생부터 곡절이 많았다.

세멜레가 제우스 아이를 임신했을 때 질투심에 불탄 헤라는 계략으로 그녀를 없애려 했다. 세멜레의 미모가 워낙 뛰어난 탓에 제우스의 관심이 지속될 거라는 판단에서였다. 헤라는 세멜레를 부추키어 제우스의 본모습을 보고 싶게끔 만들었고, 세멜레는 자기 애인이 정말 제우스인지 확인하고자 했다. 멀쩡한 사랑을 의심하면 그 사랑에 금이 생긴다는 진리도 모르고 말이다.

귀가 엷은 세멜레는 제우스가 변신한 모습으로 찾아왔을 때 부탁이 있다며 꼭 들어달라고 했다. 제우스는 눈에 넣어도 아프지 않을 연인의 달콤한 목소리에 취해 스틱스 강에 가서 그렇게 하겠노라고 맹세했다.

"당신의 진짜 모습을 보여주세요."

제우스는 그 부탁을 들어준 직후의 참상이 떠올라 거절하고 싶었으나 이미 신으로서 맹세해 버린 터라 어쩔 수 없이 자신을 드러내고 말았다. 그 순간 제우스를 상징하는 번개가 번쩍임과 동시에 세멜레는 불에 타죽고 말았다.

슬퍼하는 와중에 문득 태아가 생각난 제우스는 헤라 몰래 세멜레 몸속에 있는 아기를 꺼내어 자기 넓적다리에 집어넣었다. 얼마 후 아이는 제우스의 넓적다리를 뚫고 세상에 나왔으니 바로 디오니소스이다.

특이하게도 어머니 자궁과 아버지 넓적다리에서 생명을 얻고 태어난 디오니소스는 운명적으로 자연 섭리에서 살짝 벗어난 삶을 암시받은 셈이었다.

제우스가 산의 님프들에게 디오니소스를 맡겨 기르게 한 까닭에 그는 염소로 변신한 채 숲을 어머니의 품처럼 여기며 성장해야 했다.

어른들의 불장난이 한 아이의 정신을 불안한 상태로 만든 거나 다름 없었다.

🕊 여자들이 특히 디오니소스를 숭배한 까닭

하지만 헤라의 응징은 끝나지 않았으며, 계속 디오니소스에게 저주를 내려 미치게 만들었다. 디오니소스는 이곳저곳 방황하다가 소아시아 프리기아 지방에 이르렀을 때 할머니 레아로부터 치료를 받고 가까스로 정상으로 돌아왔다.

디오니소스는 이때부터 신성을 지니게 됐고 디오니소스라는 종교의식도 행할 수 있었다. 질병에서 치유된 디오니소스는 시리아를 거쳐 인디아까지 여행하면서 포도 재배법과 더불어 포도주 담그는 법을 가르치면서 자신에 대한 신앙을 전파했다.

그 반응은 처음에는 시원치 않았으나 그리스로 돌아오면서 점차 열기가 높아졌다. 배부른 곡식도 아니고, 맛있는 고기도 아닌 과일 발효음료가 사람들에게 포만감과는 전혀 다른 쾌감을 안겨주었기 때문이다. 기분 좋은 일이 없는 데도 발효음료,

소년 디오니소스 머리에 포도덩굴과 포도송이를 장식하고 있다.

즉 술을 마시면 기분이 좋아지다니, 놀라운 일이었다.

"디오니소스! 디오니소스!"

자기를 따르는 무리가 많아지자 디오니소스는 덩굴무늬가 장식된 막대기 튀르소스(Thyrsos)를 자기 상징으로 삼으며 신으로서 한층 기세를 올렸다. 이제 그의 곁에는 님프와 판(목축의 신), 사티로스(산과 들의 정령), 그리고 광신적 여신도 마이나데스가 항상 있었다. 많은 여자들이 신분과 성 차별을 잊게 만드는 술의 힘에 크게 만족하여 디오니소스를 열광적으로 숭배했다.

시련 뒤에는 달콤한 행복이 찾아온다더니 디오니소스는 낙소스 섬에서 테세우스가 버린 아리아드네를 만나 사랑을 느껴 결혼하였다. 둘의 사랑에는 동병상련의 애잔함이 있었기에 금슬이 깊어 아들 셋을 낳았다. 자식을 본 뒤 디오니소스는 어머니를 다시 보고 싶어 지하세계로 찾아갔다. 그리고는 술의 힘으로 하데스를 취하게 만든 다음 어머니를 지상세계로 모시고 나왔으며, 세멜레는 제우스에 의해 여신으로 승격되고 티오네라는 이름을 얻었다. 디오니소스는 이렇게 신이 되었다.

디오니소스는 왜 포도주의 신인가

그런데 디오니소스는 신이긴 해도 완전한 신이라기에는 어딘지 이상했다. 그의 상징인 술은 발명된 게 아니라 발견에 의해 등장했고, 그나마 인위적 곡물재배가 아니라 자연적 과일발효에 의해 가능한 일이지 않은가 말이다.

게다가 술을 마신 상태는 이성적인 모습이 아니므로 '완벽'하고는 거리가 멀었다. 다만 술을 마시게 되면 이성이나 도덕 등 모든 속박으로부터 벗어나게 되므로 디오니소스는 해방의 신이자 문명의 촉진자로 평가받았다.

디오니소스는 숲에서 지내면서 우연히 발견한 발효 포도즙 덕분에 신으로 추앙받았는데, 그건 한편으로 자연환경을 잘 관찰한 적응의 지혜이기도 했다. 유럽의 땅은 식용으로 마시는 수질이 떨어지지만 포도나무 성장에는 적합한 토양을 지녔으므로 이후 포도주는 유럽인들이 애용하는 대표적 술이 된 바, 디오니소스는 그런 점에 있어서 선구자인 것이다.

한편, 술은 문화풍속에도 이중적 요소로 작용했다는 점에서 흥미롭다. 그리스의 경우 디오니소스를 통해 격정적이고도 본능적인 창작예술, 특히 연극을 선보였다. 애초 삶의 허무를 주장한 디오니소스

디오니소스축제 자유를 만끽하는 동시에 동물적 본능에 취하는 축제이다.

젊은 바쿠스 로마인들도 술의 신을 숭배하며 마음껏 술을 즐겼다.

를 기리기 위해 축제를 벌이는 과정에서 비극이 탄생했고 뒤이어 희극이 등장했다. 그리스 희극이 슬픔·고통을 극복한 명랑함을 특징으로 한 이유가 여기에 있다.

그러나 술은 일방적 자유만을 주지 않는다. 낮은 신분의 사람들에게 높은 계급에 맞설 수 있는 관념적 평등을 주는 것처럼, 더 낮은 동물의 세계로 들어가게도 만드는 것이다. 술만 마시면 짐승같은 모습으로 변하는 사람을 우리 주변에서도 간혹 볼 수 있다.

따라서 술을 통해 신이 될지 짐승이 될지는 전적으로 감성과 이성의 조화에 있는 바, 디오니소스는 그것을 상징하는 불완전한 신인 셈이다.

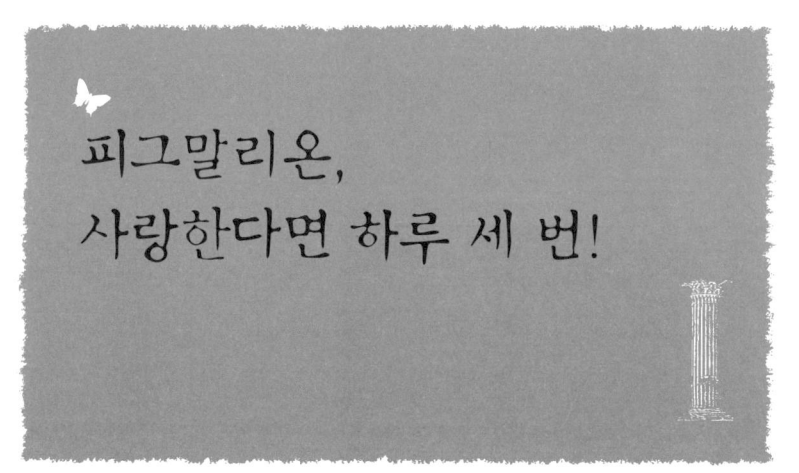

피그말리온,
사랑한다면 하루 세 번!

"사랑 속에는 언제나 환상이 있다. 왜냐하면 거기에는 이상(理想)이 있기 때문이다."

19세기에 활약한 프랑스 철학자 H. F. 아미엘은 일생을 독신으로 살았는데, 그가 결혼을 하지 않은 이유는 가정생활을 하는 현실속의 여성과 고요한 모습의 이상적인 여성이 일치하지 않은 데 있었다. 아미엘이 고독을 달래기 위해 날마다 쓴 일기는 사후 『아미엘의 일기』라는 제목으로 출판되어 세계 문학사에 색다른 업적으로 기록됐지만, 그는 평생을 마음에 드는 짝을 찾지 못해 항상 외로움 속에서 지내고 말았다. 그렇다면 사랑은 운명일까, 의지일까?

🦋 피그말리온, 이상의 모습을 실물로 만들다

옛날 키프로스 섬에 피그말리온(Pygmalion)이라는 조각가가 살고 있었다. 그는 아름다운 여인과 짝을 이뤄 살고 싶었으나 그렇게 하지 못했다. 당시 키프로스 여인들은 섬을 방문한 어느 나그네를 박대했다가 아프로디테의 저주를 받아 나그네에게 몸을 팔아야 했는데, 피그말리온이 그걸 보고 여인에 대한 혐오감을 가졌기 때문이다.

'여자들은 너무나 천박하고 불결해! 그냥 혼자 살아야겠어.'

머리 속에는 항상 그런 생각이 떠나지 않았지만, 피그말리온의 마음은 묘하게도 자꾸만 여인을 갈구했다. 여인의 존재 자체를 무시하려고 하면 할수록 그 욕망이 더 커져서 어떤 때는 잠을 이루지 못할 정도였다. 타의든 자의든 간에 금기(禁忌)에 접근하고픈 일반적 욕망에 다름 아니었다.

'그래 차라리 내가 원하는 여인을 만들자.'

뛰어난 조각 솜씨를 지닌 피그말리온은 아예 조각이나마 이상적으로 여기는 여인 모습을 만들기로 작정했다. 꽤 오랜 시간을 투자하여 그는 상아를 재료로 하여 실물 크기 여인상을 만든 다음 갈라테아(galatea)라는 이름을 붙였다.

"너무 아름다워. 이 세상에서 찾아볼 수 없는 완벽한 미인이야!"

자기가 만든 작품이지만 상아 조각이 살아있는 처녀처럼 생동감이 느껴졌기에 피그말리온은 자기도 모르게 그런 말을 내뱉었다. 피그말리온은 조심스레 조각을 만져보았다. 차가웠다. 그러나 대체물로 만든 조각상에 마음을 뺏긴 피그말리온은 사람처럼 생각하며 어루

피그말리온과 갈라테아 피그말리온 조각상과 사랑에 빠지다.

만지며 황홀감에 젖었다.

　좋게만 생각하면 더욱 좋아 보이는 법! 피그말리온은 아름다운 조각상에서 매력과 동시에 연민의 정을 느끼면서 점차 깊은 사랑에 빠졌다. 그는 날마다 조개껍질로 목걸이를 만들어 걸어주는가 하면, 들에서 꽃을 꺾어와 손에 쥐어주기도 했고, 화려한 옷을 입혀주면서 자기 애정을 적극적으로 표현했다. 심지어 '나의 아내'라고 부르며 인격을 부여하기까지 했다.

⚘ 진심이 담긴 정성으로 하늘을 감동시키다

하지만 혼자만의 사랑은 한계가 있게 마련이다. 처음엔 좋아하는 사람을 짝사랑하는 것만으로도 행복하지만 시간이 흐르면서 함께 나누는 사랑을 갈망하는 건 너무나 당연한 사랑의 흐름이지 않은가. 피그말리온도 그랬다.

보고 싶으면 보고, 만지고 싶으면 만지고, 선물을 주고 싶을 때는 선물을 주었지만 어쩐지 마음이 허전함을 숨길 수 없었다. 어떤 날은

조각 갈라테아의 상상   사랑을 갈망하다 지쳐 잠든 피그말리온.

조각상을 보고 있자니 가슴 한쪽에 공허함이 밀려왔다.

때마침 아프로디테의 제전이 가까워졌기에 피그말리온은 그 제전을 통해 소원을 빌고자 했다. 드디어 제전이 펼쳐지는 날 피그말리온은 자기 임무를 성실히 수행한 다음 제단 앞에 서서 간절히 기도했다.

"신이시여, 상아 처녀와 같은 여인을 아내로 맞이하게 해주십시오."

아프로디테는 그 광경을 지켜보면서 미소 지었다. 그리고 제단의 불꽃을 세 번 세차게 타오르게 했다. 허락한다는 의미였다

피그말리온은 부지런히 집에 돌아가 일말의 기대를 품으며 조각과 입을 맞추고 손을 잡았다. 그러자 기적이 일어났다. 조각의 손이 서서히 따뜻해지는 것이었다. 깜짝 놀란 피그말리온이 의심스러운 마음으로 조각의 살을 눌렀더니 사람의 피부처럼 탄력이 느껴졌다.

피그말리온은 기쁜 마음으로 조각상의 입술에 자기 입술을 갖다대었다. 그러자 조각상의 얼굴이 붉어지더니 살며시 눈을 뜨고 피그말리온을 쳐다보았다. 피그말리온은 감격에 겨워 이렇게 말했다.

"갈라테아, 나와 결혼해주시겠소?"

두 사람은 아프로디테의 축복을 받으며 부부의 인연을 맺었다. 얼마 후 아이가 태어나자 피그말리온은 고향 이름을 따서 파포스라고 이름 지었다.

🌿 뜻을 이루는 기본은 믿음과 기다림

이 신화는 '무언가를 간절히 바라면 결국 그 소망이 이루어진다'는 상징을 담고 있다. 그 소망은 부정적이 아니라 긍정적인 일이며,

'지성이면 감천'이라는 말처럼 진정성을 가져야 한다. 심리학에서는 이런 현상을 피그말리온 효과(Pygmalion Effect)라 하여 칭찬을 통해 생산되는 에너지 창출로 해석하고 있다.

나아가 피그말리온 효과는 칭찬하면 칭찬할수록 더욱 더 잘하게 만드는 동기 부여를 뜻하기도 한다. 아이에게 칭찬하면 아이가 더 잘하려고 노력하는 교육효과는 이미 여러 연구를 통해 증명된 바 있다.

인간관계도 그렇다. 친구나 직장 동료를 칭찬하거나 격려하면 그 칭찬은 상대를 좋게 만듦은 물론 내게 좋은 말이 되어 돌아온다. 이때 상대에 대한 조건반사적 반응으로 답례를 하기보다는 내가 먼저 상대에게 선의를 보여야 함은 물론이다. 답례는 고마워하면서도 한편으로 당연하게 여기는 게 사람 마음인 까닭이다. 피그말리온도 조건없이 먼저 상대에게 헌신함으로써 뜻을 이루었다.

한편, 피그말리온 이야기는 칭찬의 효과를 말하고 있지만 거기에는 중요한 전제조건이 따른다. '믿음과 기다림'이 그것으로 한 두 번 칭찬해서 효과 없다고 포기하지 말고 꾸준히 행해야 한다는 것이다.

결국 선의는 항시 생활화해야 진의가 전달된다는 것이니, 가식에 대한 사람들의 경계심이 얼마나 큰지 역설적으로 일러주는 셈이다.

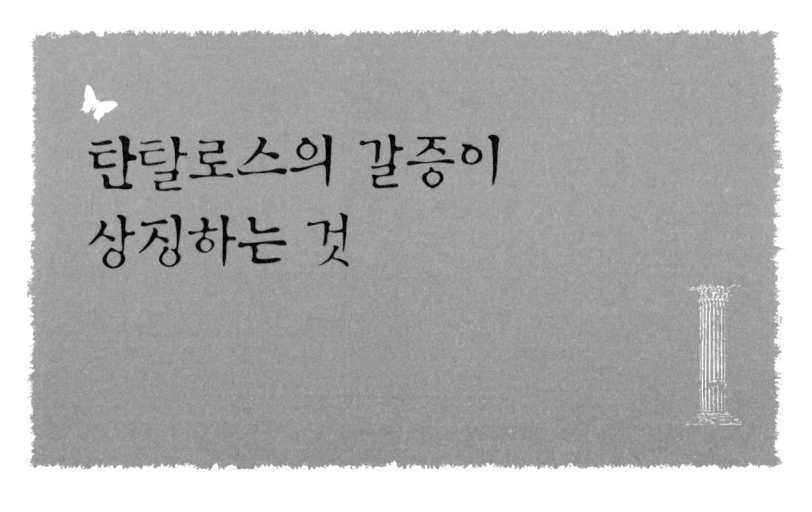

탄탈로스의 갈증이 상징하는 것

탄탈로스(Tantalos), 영어명으로 탄탈루스(Tantalus)는 그리스 신화에 나오는 부유한 왕이자 제우스의 아들이다. 남달리 총명하여 제우스를 비롯한 여러 신들로부터 사랑받았으며, 지상에서는 프리지아 왕으로 권력을 쥐고 온갖 재물을 소유하는 등 남부러울 것 없는 존재였다. 그런데 그는 신들에게 벌을 받고 말았다. 왜 그랬을까?

🦋 가진 자의 욕망은 어디까지일까

세상 사람들이 보기에 탄탈로스는 사랑·권력·재물 등 모든 것을

가지고 있었다. 하지만 정작 그 자신은 그렇게 생각하지 않았으며 더 많은 걸 가지고 싶어 했다. 바로 신들의 권력이었다.

처음에는 사람들이 신을 받들어 모시는 걸 보고 자신도 신이 되고 픈 소망을 가졌다. 그러다가 신들의 만찬에 초대받았을 때 보고 들은 이야기들을 이 세상에 돌아와서 슬쩍 자랑삼아 말했을 때 사람들로 부터 나온 반응을 보고는 신의 권위를 갖고 싶어 했다.

'나는 누구보다도 뛰어난 머리를 갖고 있다. 그러니 신들보다 못 할 이유가 없지 않은가?'

이런 생각은 신들의 만찬에 초대받아서 불사음료 넥타르와 불사음 식 암브로시아를 먹으며 죽지 않는 몸이 된 순간 분명하게 굳어졌고, 시간이 지날수록 그 욕망은 강렬해졌다. 우리가 무언가 굉장히 좋은 물건을 알게 되었을 때 하루라도 빨리 갖고 싶어 하는 것과 같은 심 정이었다.

'옳거니 그렇게 해보자!'

탄탈로스는 회심의 미소를 지으며 음모를 꾸몄다.

"솜씨는 없지만 평소 저를 사랑해주신 신들에게 바치고자 음식을 준비했습니다."

신들은 탄탈로스의 잔치에 기꺼이 찾아주었고, 여러 요리를 보면서 입맛을 다셨다. 그걸 보며 탄탈로스는 속으로 희열을 느꼈다. 왜냐하 면 그 요리 중에는 자기 아들 펠롭스를 죽여 만든 고깃국도 있었기 때 문이었다. 만약 신이 이 세상의 모든 일을 알고 있다면 그 고깃국을 먹지 않겠지만, 모른다면 먹을 터이므로 지켜보고자 한 흉계였다.

'어서 먹어라. 그러면 내게도 신의 권위를 달라고 요구할 테니…….'

그러나 탄탈로스의 흉계는 곧 들통났다.

"신들이 그토록 예뻐해 주었건만 감히 우리를 농락하려들다니, 참을 수 없는 일이로다."

제우스는 탄탈로스의 음흉한 마음을 가장 자극하는 벌로 응징하기로 결정했다. 그리하여 탄탈로스는 지옥 타르타로스 못 안의 땅에 목까지 파묻혀 물을 마시려 하면 물이 없어지고, 근처 포도나무에 매달린 포도송이를 따려 하면 가지가 바람에 흔들려 멀어져서 영원히 배고프고 목마른 고통을 겪게 되었다.

신들의 축제 벨로니가 그린 그림으로, 축제가 인간세상과 비슷한 분위기를 풍기고 있다.

탄탈로스에게 내려진 벌은 그뿐이 아니었다. 머리 바로 위에 가는 줄로 묶인 큰 돌이 매달려 있어 언제 떨어질지 모르는 두려움도 겪어야 했다. 보기만 해도 압박감을 주는 바위와 손을 대려하면 멀어지는 포도송이는 눈을 뜨지도 감지도 못하게 만들었으니 그야말로 죽을 지경의 나날이었다.

고통을 겪을 때마다 탄탈로스는 죽지 않는 몸이 된 자신의 신세를 원망했다. 그렇지만 그 지경에 이르게 된 자신의 욕망을 탓하지는 않았다. 아니 원인 자체를 몰랐다. 그저 운이 나빠 일이 틀어진 것으로 여길 뿐이었다. 욕망이 끝까지 판단력을 흐리게 만든 셈이다.

제우스는 그 심보를 훤히 알고 있기에 영원한 갈증을 벌로 내린 것

탄탈로스의 고통 탄탈로스가 나무열매에 손을 대려 하면 멀어져서 먹을 수 없는 괴로움을 겪고 있다.

이었다. 생각해보라. 욕망이 없는 자는 유혹에 흔들릴 이유가 없지만, 욕망을 품은 자는 실체를 눈으로 볼 때마다 차지하고픈 충동을 참을 수 없지 않은가 말이다. 이에 연유하여 영어 tantalize는 '애타게 하면서 괴롭히다 · 감질나게 하다'는 뜻의 말로 쓰이고, tantalus는 열쇠가 없으면 병을 꺼낼 수 없게 된 술병 진열대를 뜻하고 있다.

그런 점에서 갈증과 배고픔은 시사하는 바가 크다. 배고픈 자에게는 밥이, 목마른 자에게는 물이, 과시하고픈 자에게는 권력이 아쉬운 법! 욕망에는 크고 작음이 없음을 상징적으로 일러주고 있는 것이다.

바꿔 말해 "걸으면 말 타고 싶고, 말 타면 종 부리고 싶다"는 우리 속담처럼 욕망은 어느 순간에나 존재한다. 완벽히 충족되는 욕망은 없는 것이다. 만약 완전을 추구한다면 그건 신의 영역이므로 완벽한 만족감에 앞서 기본적 절망을 맛보리라.

🌿 고대 그리스인들은 만찬에서 왜 포도주를 마셨을까

가만 살펴보면 우리 현실도 그리스 신화와 다르지 않다. 조직 속에서 윗사람이 모를 거라 여기고 남몰래 딴짓을 하거나 우연히 알게 된 기밀을 자랑스레 흘리는 사람도 드물지 않다. 혼자만 부당하게 실속을 차리거나 자기 힘을 과시하려는 욕망이 만든 풍경들이다.

역설적으로 말해 욕망은 이상과 현실의 괴리 때문에 생긴다. 이상이 없으면 부족함을 느끼지 못한다. 그렇다고 아무 꿈도 없이 사는 인생은 늘어지고 발전이 없어서 좋지 않다. 따라서 더 잘 살고 싶은 마음을 가진 사람에게 어느 정도의 이상은 필연적이다.

문제는 욕망이 커지거나 고정되지 않고 수시로 변한다는 점이다. 더구나 욕망을 추구하는 삶은 언제나 긴장상태에 머물 수밖에 없다. 편안한 삶을 추구하면서 항시 불안한 감정이라는 모순에 빠지는 것이다.

　그런가하면 자기가 갖고 있는 현실이 그렇게 나쁘지 않은데도 다른 사람들과 비교하여 불만을 갖는 사람이 적지 않다. 자고로 '이상은 높이 보고 현실은 아래를 보라'고 하지 않았던가.

　그리스 시대에도 큰 주택은 있었다. 하지만 그리스인들은 집의 크기가 아닌 정신적 만족감을 행복의 잣대로 삼았다. 물론 물질적 풍요를 누린 시민에게만 해당된 삶이었지만 그들은 근본적으로 대화를 통한 정신적 만족을 중요하게 여겼다.

　만찬 때 즐긴 (알코올 도수 약한) 포도주는 만취를 위한 술이 아니라 대화를 위한 윤활유였음도 그런 정서를 일러주는 사례이다. 탄탈로스 신화는 욕망의 경계선을 넘지 않도록 일깨워주는 이야기이고…….

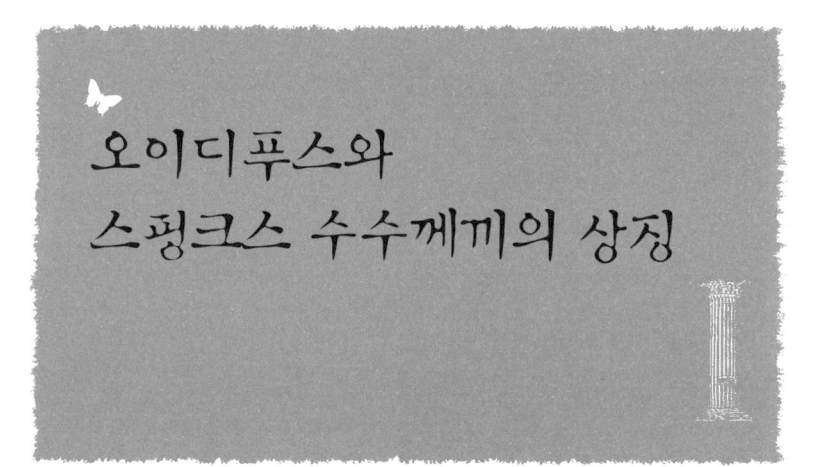

오이디푸스와 스핑크스 수수께끼의 상징

그리스 신화에 등장하는 테베를 구한 영웅 오이디푸스(Oedipus)의 뜻은 '부은 발'이다. 갓난아기로 버려질 때 발이 끈에 묶여 부은 데다, 성장해서도 정처없이 떠돌아다니는 가혹한 운명을 맞았으니 '부은 발'은 어쩌면 그의 시련을 상징하는 이름일 수도 있다. 오이디푸스의 삶이 뜻하는 건 무엇일까?

🦋 동성애가 낳은 자식 없는 불행

그는 테베 왕 라이오스와 이오카스테의 아들로 태어났지만, 세상에 나오기 이전에 이미 불행의 씨앗을 품고 있었다. 아버지 라이오스

오이디푸스 오이디푸스는 가문혈통 중시사회에서 '죄에는 반드시 응징이 따른다'는 인과응보의 희생자이다.

가 젊은 시절 펠롭스 왕의 막내아들을 너무 사랑한 나머지 납치했다가 죽이면서 펠롭스의 저주를 받았기 때문이다. 비뚤어진 동성애가 낳은 비극이었다.

제우스의 손자이기도 한 펠롭스는 신에게 복수를 해달라고 빌었으며, 소년을 보호하는 신 아폴론은 그 소원을 귀담아 들었다. 하여 아폴론은 이오카스테와 결혼한 뒤 찾아온 라이오스에게 신탁을 통해 이렇게 말했다.

"자식을 갖지 말라. 만약 신의 뜻을 거슬러 아들을 낳을 경우 아들이 아버지를 죽이게 되리라!"

라이오스는 마음이 찜찜하긴 했지만 자식을 갖고 싶었고 딸을 낳으면 된다고 생각했다. 하지만 이오카스테가 낳은 자식은 안타깝게도 아들이었다. 두려움을 느낀 라이오스는 사람을 시켜 아들을 버리게 했고, 그에 따라 갓난아기는 키타이론 산의 나뭇가지에 발뒤꿈치가 묶인 채 버려졌다.

다행인지 불행인지 아기는 얼마 지나지 않아 양치기에게 발견되어 코린트 왕비 페리보이아에게 전해져 왕실에서 자랐다. 발견 당시 발이 부어 있었기에 '오이디푸스'라는 이름이 붙여졌고, 양부모에게 차별없는 사랑을 받고 자랐다.

오이디푸스는 어느덧 여러 부문에 걸쳐 다양한 교양을 지니고 힘도 센 젊은이가 되었다. 그러던 어느 날 오이디푸스는 싸우다가 상대방이 자기에게 왕실의 친자식이 아니라고 욕하자 진상을 알기 위해 신전에 갔다가 뜻밖의 신탁을 들었다.

"장차 아버지를 죽이고 어머니와 잠자리를 같이하게 되리라."

양부모를 친부모라고 굳게 믿고 있던 오이디푸스는 패륜이 두려워 코린트로 돌아가지 않고 테베로 길을 떠났고, 좁은 길에서 라이오스 일행을 만나 시비를 다투다가 거만한 라이오스와 그 일행을 죽이고 말았다. 마음이 혼란스러워 불안해 하던 오이디푸스가 감정 자제를 하지 못해 벌어진 참극이었다.

🌿 스핑크스의 수수께끼가 의미하는 것

오이디푸스는 길을 계속 갔고 테베 입구에서 스핑크스를 만났다. 스핑크스는 가정의 신 헤라가 갓난아기를 버린 라이오스를 응징하기 위해 테베로 보낸 괴물이었고, 테베로 들어가려는 사람들에게 기묘한 수수께끼를 내어 틀릴 경우 가차없이 죽이는 임무를 수행하고 있었다.

그때까지 스핑크스의 수수께끼를 푼 사람이 한 명도 없었기에 이번에도 스핑크스는 자신만만하게 문제를 냈다.

"처음 생겨날 때 가장 크고, 한창일 때 가장 작고, 늙어서 다시 커지는 것은?"

스핑크스의 수수께끼 은유적인 표현으로 대상을 바로 파악하지 못하게 하는 건 여성의 심리이기도 하다.

"그림자."

"한쪽이 다른 한쪽을 낳고, 태어난 자가 다시 자기를 낳은 자를 낳는 것은?"

"낮과 밤."

"목소리는 같지만 아침에는 네 개, 점심에는 두 개, 저녁에는 세 개인 것은?"

"사람."

오이디푸스가 수수께끼를 모두 맞히자, 스핑크스는 굴욕감을 이기지 못해 머리를 바위에 부딪쳐 자살하고 말았다.

한편, 그리스의 스핑크스는 여자 얼굴과 가슴, 사자 몸통에 날개를 가진 것으로 묘사되는데, 이는 여성의 심리를 상징하는 것이기도 하다. 일반적으로 여성은 남이 자기에게 관심을 갖게끔 노력하면서도 한편으로 자기 마음을 온전히 드러내고 싶지 않은 묘한 심리가 있는 바, 스핑크스는 곧 '여성의 마음'이다.

스핑크스의 수수께끼가 직접적 표현이 아니라 은유적으로 외형을 묘사한 이유도 여기에 있다. 그런 점에서 남녀관계에서 상대를 너무 속속들이 알려고 하는 것은 위험한 탐색임을 스핑크스는 일러주고 있다.

🌱 아버지가 된 뒤에 알게 되는 눈물

오이디푸스는 테베 사람들의 환호를 받으며 왕위에 올랐다. 한 동안 오이디푸스는 행복했다. 이오카스테와 결혼하여 아들 둘, 딸 둘도 얻었다. 그러나 그가 왕위에 오른 지 15년이 되자 전염병이 갑자기 번지면서 사람들이 공포에 휩싸였다. 신탁을 받으니 "선왕을 죽인 자를 추방하면 전염병이 끝날 것"이라고 하자, 오이디푸스는 살해범을 반드시 찾아 응징하겠다고 선언했다.

오이디푸스는 부친의 살해범을 탐문하다가 바로 자신이 살인자라는 사실을 깨닫게 되었다. 중간에 어머니이자 아내인 이오카스테가 불길한 예감을 느끼고 더 이상 탐문하지 말라고 말렸지만, 오이디푸스는 진실을 알고 싶은 마음에 끝내 모든 걸 파헤쳤다. 호기심을 가

지면 참지 못하는 인간심리가 그리 만든 것이었다.

이후 오이디푸스는 극심한 괴로움에 시달리다가 두 눈을 빼버리고 방랑길을 떠났고, 이오카스테는 스스로 목숨을 끊었다.

이 신화는 참으로 많은 걸 시사한다. 일찍이 아리스토텔레스는 소포클레스의 「오이디푸스 왕」을 사람의 힘으로 어찌할 수 없는 공포와 연민으로 인간의 정서를 순화시켜주는 비극 작품 중 최고라고 평가했으며, 심리학자 프로이트는 『꿈의 해석』에서 '아들이 어머니를 사랑하여 아버지를 질투하고 적대시하는 심리'를 '오이디푸스 콤플렉스'라고 명명했다. 대체적으로 오이디푸스 콤플렉스는 아들이 성장하여 자기 자신을 아버지와 동일시할 때 마무리된다고 한다.

그런가하면 아들은 자신이 아버지가 됐을 때 미처 몰랐던 아버지의 그늘이나 아픔을 이해하게 된다. 예컨대 아들의 반항에 의해 무너진 아버지의 권위가 그것이다. 결국 오이디푸스는 자기도 모르는 사이에 아버지의 길을 따라 걷는 분신(分身)을 상징하는 셈이다.

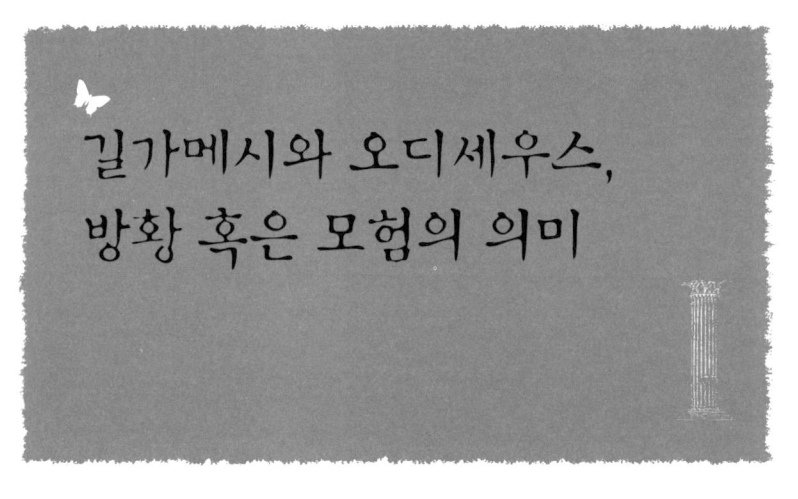

길가메시와 오디세우스, 방황 혹은 모험의 의미

오랜 옛날 반신반인의 포악한 왕이 있었다. 하늘의 여신 아루루가 진흙괴물 엔키두를 보내어 폭군 길가메시(Gilgamesh)를 처치하게 했다. 하지만 둘은 싸움 끝에 친구가 되었다. 의기투합한 길가메시와 엔키두는 한데 어울려 일련의 모험으로 불을 뿜는 거인을 죽이며 의기양양했고, 길가메시는 차츰 좋은 왕이 되었다.

사랑의 여신 이슈타르는 이런 길가메시에게 반해 연정을 고백했다. 그러나 길가메시는 이슈타르의 변덕과 바람기를 나무라면서 그 유혹을 거부했다. 이슈타르가 분노하여 하늘의 여신에게 지상을 파괴해 달라고 부탁했다.

오디세우스에게 술잔을 주는 키르케 키르
케가 술잔을 건네 준 다음 지팡이로 쳐서
동물로 만들 음모를 꾸미고 있는 모습이다.

여신은 황소를 보내어 길가
메시를 없애려 했으나 엔키두
가 황소를 죽였고, 그 벌로 엔
키두는 하늘로부터 죽임을 당
했다.

길가메시는 친구를 잃은 슬
픔과 죽어야 하는 인간의 운명
에 괴로워하며 초원을 방황했
다. 그러다가 영원히 죽지 않
는 비결을 찾아 길을 떠났다.

갖은 고생 끝에 길가메시는
한 노인으로부터 불로초 캐는
방법을 들을 수 있었다. 그런
데 길가메시가 바다 밑바닥에
서 불로초를 간신히 캐어 집으로 돌아가다가 잠시 쉬고 있는 사이에
뱀이 불로초를 먹어버렸다. 덕분에 뱀은 허물을 벗으며 새롭게 태어
나는 능력을 가지게 되었지만, 길가메시는 슬픔에 젖은 채 빈 손으로
돌아갔다.

위 이야기는 기원전 2천년 경 고대 바빌로니아 전설로 점토판에
새겨져 있는데, 각기 시대가 다른 여러 이야기들을 길가메시 한 사람
에게 통일시킨 것이다. 말하자면 길가메시는 문명사회를 이루는 과
정에서 겪은 인류의 고생과 영원히 살고픈 욕망의 상징인 셈이다.

길가메시와 오디세우스, 뭐가 같고 뭐가 다를까

흥미롭게도 길가메시는 그리스 신화에서 오디세우스(Odysseus)라는 인물로 부활한다. 물론 완전히 똑같지는 않지만 당대의 영웅이 전쟁과 모험을 하고, 우정 혹은 사랑을 중히 여기고, 신처럼 초능력을 지닌 괴물을 물리치는 등 유사한 점이 무척 많다.

차이가 있다면 오디세우스는 힘이 아니라 지혜가 많고, 여자의 유혹에 비교적 잘 흔들린다는 것이다. 어떤 점에서 길가메시가 모계사회에서 남성 역할을 보여준다면, 오디세우스는 부계사회에서의 남성을 보여준다고 할 수 있다.

세이레네스의 유혹 간절해 보이는 유혹과 그 유혹을 물리치려는 처절한 모습이 잘 묘사돼 있다.

예컨대 사랑의 여신 이슈타르의 변덕과 바람기는 동굴에서 생활하며 필요에 따라 여러 남성을 상대한 원시시대의 여성상을 상징하고, 오랜 세월 아내에게 돌아가려 애쓴 오디세우스는 사랑으로 연결된 일부일처제를 보여주는 것이다.

그렇다면 오디세우스는 구체적으로 어떤 인물일까?

오디세우스는 이타카의 왕으로 아내 페넬로페 사이에서 텔레마코스라는 아들을 두고 있었다. 평화롭게 살던 오디세우스는 마지못해 트로이 전쟁에 참여해서 목마의 꾀로 승리에 결정적 공헌을 했지만, 이타카로 돌아가는 도중에 포세이돈의 아들 폴리페모스를 눈멀게 하는 바람에 바다에서 길을 잃는 곤경에 빠졌다.

그렇지만 오디세우스는 고난에 처했을 때 겁을 먹고 물러서지 않았다. 그는 일부러 모험에 나서진 않았으나 주어진 운명이라면 헤쳐 나가는 용기를 가지고 있었으니, 문명사회의 남자가 직장생활에서 겪는 감정의 굴곡과 다를 바 없다. 오디세우스는 여러 차례 위기에 빠졌는데, 공교롭게도 그 대부분은 여성의 유혹과 관계되었다.

🦋 오디세우스가 겪은 시련과 유혹들

오디세우스가 부하들과 함께 아이아이아 섬에 도착했을 때의 일이다. 섬에 살던 키르케는 묘한 약물과 주문으로 남자를 늑대나 멧돼지로 변신시키는 능력을 가진, 요즘말로 하면 '팜므 파탈'이었다. 남자를 유혹하여 파멸하게 만드는 요부—바로 키르케였다.

키르케는 요염한 모습으로 선원들을 홀려 약물을 마시게 한 다음

칼립소와의 동거 동굴에서 칼립소에게 푹 빠져 지내고 있는 오디세우스.

모두 멧돼지로 만들어 버리고는 오디세우스를 기다렸다. 오디세우스는 직감으로 키르케가 건네주는 술잔이 위험함을 알아챘고, 이전에 헤르메스로부터 선물 받은 마법의 약초 덕분에 무사할 수 있었다.

"저들을 모두 원래 모습으로 돌려놔주시오."

오디세우스가 정중히 부탁하자 키르케는 이렇게 대답했다.

"그대가 나와 1년간 산다면 그렇게 하리라."

키르케는 마음대로 다룰 수 없는 사람이라면 곁에 두고 싶어 했던 것이다. 일평생 함께 하고 싶지는 않지만, 한 동안 느끼고 싶은 사람. 키르케에게 오디세우스는 그렇게 보였다. 하여 오디세우스는 부하들을 되살리기 위해 1년을 키르케와 살았다.

다시 항해에 나선 오디세우스는 목소리로 사람을 홀리는 세이레네스의 유혹을 몸을 돛대에 묶고 귀를 밀랍으로 봉하여 물리쳤다. 아내도, 자식도 다 잊게 만드는 세이레네스는 매춘부의 성적 유혹을

상징하는 괴물인 바, 오디세우스는 육체의 순간적 욕망을 잘 견뎠던 셈이다.

고난은 거기서 끝나지 않았다. 폭풍우 속에 혼자 살아남은 오디세우스는 표류하다가 칼립소가 사는 섬에 도착했다. 오디세우스는 요정 칼립소로부터 환대를 받고 같이 산다면 불멸의 몸으로 만들어주겠다는 제의를 받고 7년을 머물렀다. 칼립소는 젊은 여자에게 관심 갖는 나이든 남자의 욕망을 상징하는 것으로, 그 무엇보다 가장 강력한 유혹임을 일러주고 있다.

하지만 그 어느 것도 고향에 대한 향수를 막을 수는 없었다. 결국 오디세우스는 칼립소를 설득하여 마침내 그곳을 떠나 고향에 돌아갈 수 있었다.

오디세우스는 기대에 들떠 성에 들어섰으나 그를 알아보는 건 충실한 개와 유모뿐이었다. 더구나 50여 명의 남자들이 아내인 페넬로페에게 구혼하는 상황이 펼쳐졌다. 오디세우스는 옛날에 쓰던 활을 쏘아보라는 아내의 시험을 받아들여 그 활로 구혼자들을 모조리 쏘아 죽이고, 극적으로 남편과 왕으로서의 지위를 되찾는데 성공했다.

오디세우스의 방황과 모험은 사회생활을 하는 남자가 겪는 보편적인 유혹이며, 인생에서 '인내'와 '지혜'가 가장 중요한 덕목임을 일깨워주는 신화인 것이다.

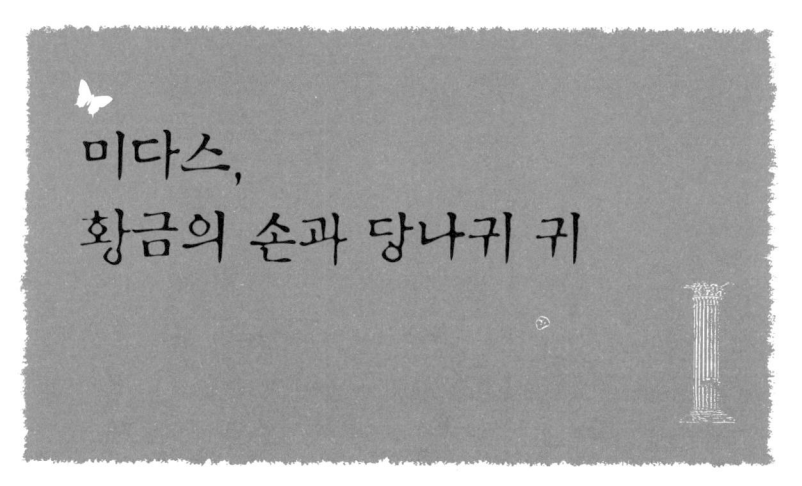

미다스,
황금의 손과 당나귀 귀

오랜 옛날 고르디우스(Gordius)라
는 농부가 일을 하고 있는데, 독수리 한 마리가 그의 쟁기 자루에 앉
아 온종일 떠나지 않았다. 고르디우스는 티르메소스에 갔다가 마을
사람들에게 그 이야기를 했고, 때마침 우물에서 물을 긷던 처녀로부
터 그 독수리를 제우스 신전에 제물로 바치라는 권유를 들었다. 고르
디우스는 이 처녀와 결혼하여 미다스(Midas)를 낳았으며, 얼마 후 고
향 프리기아로 돌아가게 되었다.

한편 그 무렵 프리기아는 내란이 거듭되어 혼란스러웠기에 사람들
은 신탁을 통해 해결방안을 찾으려 했다.

"마차를 타고 오는 첫 번째 사람이 나를 구하고 왕이 될 것이니라."

디오니소스와 미다스 미다스가 디오니소스에게 황금을 만드는 손을 갖게 해달라고 말하고 있다.

이같은 신탁이 있는지도 모르고 고르디우스는 가족들과 함께 마차를 타고 고향으로 돌아왔으며 왕으로 추대되었다.

고르디우스는 뜻밖의 영광에 대한 감사의 뜻으로 마차를 신전 기둥에 복잡하고 튼튼한 매듭으로 묶었는데 이때 "이 매듭을 푸는 사람이 아시아 땅의 왕이 되리라"는 신탁이 내려졌다. 훗날 알렉산드로스 대왕은 이곳을 지나다가 '고르디우스의 매듭'을 단칼에 내리쳐 풀음으로써 간단명료한 해결책을 보여주었다.

어찌됐든 고르디우스는 치밀한 계획이나 의지가 아니라 공교로운 일로 인해 한 나라의 왕이 됐으니, 신탁이 정말로 하늘의 뜻이라면 신성한 행운이고, 우연한 점괘라면 미신이 낳은 해괴한 풍경인 셈이다.

✦ 황금을 만드는 미다스의 손

고르디우스의 아들인 미다스는 더 특이한 인물이었다. 어렸을 때 개미떼로 하여금 곡식알을 운반해서 침이 고인 자기 입안에 집어넣게 했는데, 이를 두고 그의 아버지는 장차 큰 부자가 되리라 해석했다.

예언이 사실일까? 아버지 뒤를 이어 프리기아 왕이 된 미다스는 나라를 비교적 평화롭게 잘 다스렸고, 어느 정도 재산도 모았다. 그런데 다른 사람들이 보기에 남부러울 것 없건만 미다스는 자기 현실에 만족하지 않고 세상에서 으뜸가는 부자가 되고 싶어 했다.

그러던 어느 날 실레노스가 술에 취해 미다스의 정원으로 들어왔다가 길을 잃고 헤매는 일이 일어났다. 미다스는 그 기회를 놓치지 않았다. 실레노스가 누구인가. 술과 풍요의 신 디오니소스의 양아버지이자 스승 아닌가.

미다스는 실레노스를 잘 보살핀 다음 열흘이나 극진히 대접했고, (미다스의 기대대로) 실레노스는 디오니소스에게 미다스를 적극 칭찬했다. 디오니소스는 고마운 마음에 미다스를 찾아가 말했다.

"소원을 한 가지만 말해보아라. 뭐든지 들어주마."

물고기보다 물고기 잡는 법을 배우는 게 낫다는 이치를 알고 있던 미다스는 망설이지 않고 말했다.

"제가 만지는 건 뭐든지 황금이 되게 해주십시오."

디오니소스는 조금 내키지 않았지만 원하는 대로 해주었고, 미다스는 이른바 '미다스의 손'을 갖게 되었다.

하지만 음모로 얻어낸 선물에는 무언가 결함이 있게 마련인 법! 미

강가의 갈대로 악기를 만드는 판 판은 요정에 대한 사랑의 집착을 악기를 통해 연주하곤 했다.

다스는 저녁식사를 하려던 순간 행운이 곧 불행임을 깨닫기 시작했다. 포도주도, 빵도 모두 황금으로 변했던 것이다. 황금이 많으면 무슨 소용인가. 굶어죽을 판인데.

뒤늦게 지나친 탐욕을 뉘우치며 탄식하던 미다스는 하나뿐인 딸의 위로에 무심코 손을 잡았다가 황금으로 만들고 말았다. 미다스는 즉시 디오니소스에게 달려가 딸을 살려달라고 눈물로 애원했다.

"알았다. 팍톨루스 강으로 가서 네 머리와 몸을 담그고 탐욕을 씻어라."

미다스는 시키는 대로 해서 황금 만드는 능력을 버렸고, 소중한 딸의 생명을 되찾을 수 있었다. 그 바람에 강바닥의 모래가 모두 금모래로 변했다고 한다.

위 신화는 리디아 지방을 휘감아 도는 팍톨루스 강 속에 사금(砂金)이 많았던 이유를 그럴듯하게 전해주는 동시에 제한없는 욕망이 얼마나 어리석은지도 알려주고 있다.

솔직히 물질에 대한 욕망 자체는 비난의 대상이 될 수 없다. 물질적인 조건을 개선하려는 노력이 인류 문명을 발전시켰으니 말이다. 다만 그 마음이 지나쳐 물질을 숭배하게 되면 결코 현실에서 만족을 느끼지 못함을 명심해야 한다.

임금님 귀는 당나귀 귀

미다스는 눈치 때문에 봉변을 당하기도 했다. 어느 때 반인반신인 판(Pan)의 피리 솜씨가 아폴론의 수금 솜씨보다 뛰어나다는 소문이 돌자, 당시 제우스에게 벌을 받아 인간세상에서 잠시 양치기 생활을

미다스 임금의 판정 아폴론과 판의 연주를 들으며 판정을 내리는 장면이다.

하던 음악의 신 아폴론이 양치기 차림으로 판에게 솜씨 겨루기를 제안했다.

그 자리에 산신 트몰로스와 미다스가 심판으로 초대됐는데, 경연이 끝난 뒤 눈치 빠른 트몰로스는 아폴론의 승리를 판정했으나 미다스는 눈치 없이 판의 승리라고 선언했다. 국왕 신분이라 평소 다른 사람 눈치를 살피지 않고 살아온 데서 비롯된 일이었다.

사실 객관적으로는 판의 연주가 더 호소력이 있었다. 왜냐하면 판은 자신이 사랑하는 요정 시링크스가 자기를 피해 갈대로 변하자 그 갈대를 꺾어 피리로 만들어 불었으니, 거기에는 뜨거운 연정이 들어 있을 수밖에 없었기 때문이다.

어쨌거나 기분 나빠진 아폴론은 제대로 들을 줄 모른다하여 미다스의 귀를 볼썽사나운 당나귀 귀로 만들어버렸다. 이후 미다스는 길쭉한 귀를 창피하게 여겨 모자로 가렸고, 이발할 때만 부득이 모자를 벗었다. 물론 이발사에게는 다른 사람에게 비밀을 누설할 경우 처형하겠다고 협박했다.

그러나 비밀을 혼자 가슴 속에 묻어두는 게 얼마나 고통스러운 일인가. 간질거리는 입을 참지 못한 이발사는 바닷가 한쪽에 구멍을 파고 "미다스 왕의 귀는 당나귀 귀"라고 외치고는 흙으로 다시 메웠다. 그렇게 하고 나자 무슨 큰 짐이라도 벗은 것처럼 마음이 후련해졌다.

그렇지만 이듬해 거기에서 자란 갈대가 바람에 나부끼면서 그 말을 반복했다. 소문이 퍼지자 미다스는 이발사에게 황소피를 먹여서 죽였지만 '국가 기밀'은 어느 새 상식이 된 뒤의 일이었다. 그런 점에서 권력의 언론탄압은 엉뚱한 데서 들통난다고도 볼 수 있다.

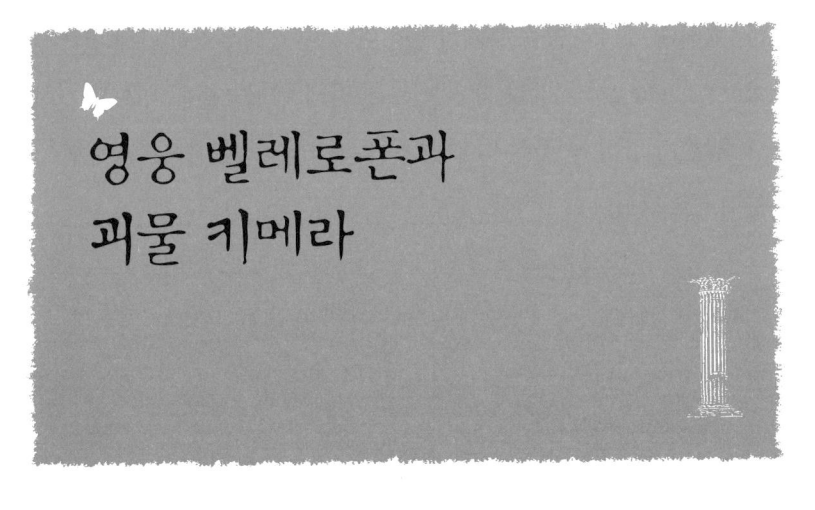

영웅 벨레로폰과 괴물 키메라

오랜 옛날 코린토스 왕국에 히포노우스란 이름을 가진 미남 청년이 있었다. 그러나 그 이름은 그가 악명 높은 산적 벨레로스를 죽이면서 벨레로폰(Bellerophon)으로 바뀌었다. 사람들이 그를 존경하는 마음에서 '벨레로스를 죽인 사람'이라는 뜻의 벨레로폰으로 불렀기 때문이다.

그렇게 해서 또 한 명의 영웅이 탄생했으니, 영웅이란 자고로 불가능해 보이는 난제를 해결하여 대중들의 호응을 받음으로 생기는 모양이다. 벨레로폰은 한편으로 악독한 친형 델리아데스까지 죽였기에, 벌을 피하고자 아르고스 왕 프로테우스에게로 도망쳐서 도움을 청했다.

프로테우스는 벨레로폰을 기꺼이 받아주었고 영웅 대접을 해주었다. 그런데 예기치 않은 문제가 일어났다. 프로테우스의 아내 안테이아(또는 스테네보이아)가 잘 생긴 외모에 반해 벨레로폰을 유혹한 것이다. 남편이 잠시 왕궁에서 나가있을 때 안테이아가 벨레로폰에게 노골적으로 말했다.

"당신을 사랑해요. 지금 우리 둘만의 시간을 갖고 싶어요."

하지만 벨레로폰은 프로테우스의 환대에 대한 은혜를 저버릴 수 없어서 안테이나의 유혹을 물리쳤다.

"이러시면 안됩니다."

그것으로 끝이었다. 권력을 가진 자가 느끼는 사랑이란 곧 욕정이고, 그 욕정이 거부당하면 모욕과 분노로 바뀌는 법. 안테이아는 남편에게 벨레로폰이 자기를 겁탈하려 했다고 거짓말로 모함했다.

"뭐라고? 그게 사실이오?"

"제 말을 못 믿는 건가요?"

프로테우스는 영웅에 대한 존경심은 여전했으나 사랑의 질투를 이기지는 못했다. 아내의 말이 사실인지 아닌지를 떠나 아내가 젊고 잘 생긴 남자에게 관심을 보인다는 걸 직감적으로 느껴 질투가 났던 것이다. 일반적으로 남자의 질투는 여자처럼 노골적이지 않고 은근하기에 프로테우스는 아무렇지도 않은 듯한 꾀를 냈다. 매형이자 리키아 왕인 이오바테스에게 벨레로폰을 보내며 다음과 같이 정중히 부탁했던 것이다.

"이 중요한 편지를 무사히 전해주시면 고맙겠소."

"염려마시지요. 그럼 즉시 길을 떠나겠습니다."

벨레로폰과 키메라 벨레로폰이 말을 탄 채 괴물 키메라와 싸우고 있는 장면이다.

벨레로폰은 최선을 다해 리키아 왕국으로 가서 편지를 전했는데, 거기에는 벨레로폰의 용감함을 칭송하는 글과 더불어 맨 끝에 그를 죽여달라는 부탁이 들어 있었다. 벨레로폰으로서는 자기도 모르게 사형집행서류를 가지고 온 꼴이었다. 이에 연유하여 '벨레로폰의 편지'라는 말은 '지참인 모르게 그 사람에게 불리한 내용이 담긴 편지'라는 뜻으로 쓰이고 있다.

편지를 읽은 이오바테스는 처리 여부에 대해 잠시 고민에 빠졌다가 이내 해결책을 찾았다. 그 무렵 리키아에는 키메라(Chimera)라는 요상한 괴물이 나타나 백성들에게 공포를 주고 있었는데, 벨레로폰으로 하여금 그걸 처치하게끔 하자는 생각이었다.

'그래, 용감한 영웅이라니 괴물과 싸운다면 둘 다 죽게 될 거야.'

이런 생각을 품은 이오바테스는 벨레로폰에게 심각한 표정으로 요청했다.

"당신이 대단한 영웅이라 하니 특별히 부탁하겠소. 요즘 이 나라에는 큰 근심이 있는데…"

왕의 말을 모두 들은 뒤, 벨레로폰은 이번에도 망설이지 않고 대답했다.

"알겠습니다. 제가 한번 나서보겠습니다."

그렇지만 키메라는 그렇게 간단한 괴물이 아니었다. 사자 머리에 염소 몸통, 그리고 뱀 꼬리를 지닌 데다 입에서 불을 내뿜어 무엇이든 순식간에 재로 만들어버리니 앞이든 뒤든 감히 접근할 수 없었다.

다행히 신들이 벨레로폰의 편을 들어주었다. 아테나 여신은 날개 달린 천마 페가수스를 벨레로폰에게 주면서 황금 말고삐로 길들이게끔 도와주었고, 덕분에 키메라와 싸울 때 하늘에서 빠르게 날아 내려와 키메라 입 안으로 창을 찔러 죽일 수 있었다.

벨레로폰이 별 탈 없이 임무를 완수하고 왕궁으로 돌아오자, 이오바테스는 처음에 당황했으나 이내 침착함을 되찾고 크게 기뻐하며 축하해주었다. 그리고는 자기 딸과 결혼시켜 사위로 삼았다. 대중에게 인정받는 영웅이 언제 자기 권위를 위협할지 모르므로 차라리 후계자로 삼아 권력을 평화롭게 지키기 위함이었다.

벨레로폰은 자식 여럿을 낳고 한 동안 행복하게 살았다. 그러던 어느 날 불현듯 지상의 권력에 불만을 느끼고 더 높은 권력을 향해 가고 싶어 했다.

'내게는 하늘을 나는 페가수스가 있지 않은가. 그걸 타고 신의 세계에 가보자.'

벨레로폰은 그 길로 페가수스를 타고 하늘을 날았다. 그런데 그게 불행을 가져올 줄이야. 제우스는 신의 세계를 넘보는 벨레로폰의 오만함을 용서하지 않았다. 등에 한 마리를 보내 페가수스를 찌르게 했고, 그 결과 벨레로폰은 땅으로 떨어져 절름발이가 되고 눈이 멀었다. 남자의 출세지향주의 욕망이 빚어낸 참극이었다.

한편, 신화에 등장하는 괴물 키메라는 리키아의 한 화산을 생물화한 게 분명하다. 리키아는 고대 소아시아 남서쪽 끝에 있던 지방으로 어느 날 휴화산이 불을 내뿜자 그에 대한 두려움이 그렇게 표현된 것으로 여겨진다.

당시 화산의 윗부분에는 사자가 살았고, 중턱에는 염소가 많았고, 산자락에는 뱀이 우글거렸다고 하는데, 이런 상황이 세 짐승의 합체 형상에 입에서 불을 내뿜는 암컷 괴물을 낳은 것이리라.

그렇다면 벨레로폰의 정체는 무엇인가.

그는 아마도 화산이 활동을 시작할 무렵 등장한 영웅으로 도둑들을 없애 우러름을 받다가, 화산이 활동을 멈출 무렵인 말년에 권력에 심취한 나머지 독재를 꿈꾸다가 백성에게 쫓겨난 인물로 짐작된다. 난세에는 영웅이 추앙받지만 태평성대에는 온건한 인물이 존경받는 것처럼, 폭력적 영웅의 시대는 오래 가지 않는 법이니까.

신화로 보는 세상 37

나르키소스의 자기애, 저주인가 삶의 원동력인가

크나큰 고요가 내게 귀 기울이고 거기에서 나는 희망을 듣는다.
샘물 솟는 소리 바뀌어 나에게 저녁을 이야기하고
성스런 어둠 속 은빛 풀 자라나는 소리 들려오며
못 믿을 달은 조용해진 샘의 깊숙한 속까지 제 거울을 치켜든다.
그리고 나는 이 갈대밭 속에 기꺼이 몸을 던지고서
오 청옥이여! 내 서글픈 아름다움으로 번민한다.
나는 이제 마법의 물 밖에서는 사랑할 수가 없나니
거기서 웃음도 옛날의 장미꽃도 잊어버리고 말았다.

프랑스 시인 폴 발레리의 시(詩) 「나르키소스는 말한다」 중 한 부분이다. 왜 나르키소스(Narkissos, 영어로는 Narcissus)는 물 속에 비친 자기 모습을 사랑하다가 죽음에 이르게 됐을까?

나르키소스는 강의 신 케피소스와 요정 레이리오페의 아들이다. 그는 본능적으로 물과 뗄레야 뗄 수 없는 피를 지니고 태어난 것이다. 그런데 어머니 레이리오페는 그를 낳을 때 '자기 자신의 모습만 보지 않는다면 오래 살 것'이라는 예언을 들었으니, 어쩌면 그의 운명은 (저절로 이끌리는) 본능과 (스스로 참는) 의지의 싸움을 암시하고 있는 셈이다. 고대세계에서 물은 곧 거울과 같은 상징을 지니고 있는 까닭이다.

그렇다면 신은 그에게 왜 자기 모습을 보지 말라고 했을까?

그 이유는 외모에 있었다. 나르키소스는 누가 보아도 단번에 사랑에 빠질 만큼 뛰어난 미모를 지녔으면서도 한편으로는 남에게 마음을 주지 않는 냉정함을 가지고 있었다. 이를테면 요정 에코가 나르키소스를 사모했으나 외면받은 뒤 육신이 사라지고 목소리만 남아 계곡을 떠돌게 됐고, 그외에도 여러 요정들이 나르키소스를 보고 싶어 괴로워하거나 잠을 이루지 못할 정도였다. 그럼에도 불구하고 나르키소스는 다른 이들의 안타까움이나 그리움에 무관심했고 오히려 더욱 도도해져갔다. 그게 바로 비극의 발단이 될 줄이야.

아메이니아스도 나르키소스를 사랑한 청년이었는데, 소심한 요정들과 달리 매우 적극적으로 애정을 표시했다.

"당신을 정말 사랑합니다. 제 사랑을 받아주세요."

나르키소스는 코웃음을 치며 전혀 반응을 보이지 않았다. 그래도 아메이니아스는 포기하지 않고 계속 나르키소스를 쫓아다니며 끈질

기게 구애했다. 그러자 나르키소스는 지겨움을 느낀 나머지 하인에게 칼을 주며 이렇게 말했다.

"그에게 가서 이걸 주거라. 내 선물이라 말하고……"

아메이니아스는 처음에 나르키소스의 선물이라는 말에 무척 기뻐했지만 선물이 칼임을 알고는 크게 당황해 했다.

'이게 무슨 뜻이란 말인가?……그래 이제 알겠구나.'

선물에 담긴 비정한 의미에 절망한 아메이니아스는 그 길로 나르키소스의 집을 찾아갔다. 그리고는 집 앞에서 나르키소스에게 저주를 퍼부으며 선물받은 칼로 자살하였다. 이 일은 금방 여기저기에 퍼졌고, 요정들의 분노를 일으켰다. 이에 일찍이 나르키소스로부터 사랑을 거부당한 요정이 복수의 여신을 찾아가 간절히 요청했다.

"그에게 사랑이 무엇인지, 또 애정의 보답을 받지 못했을 때 마음이 어떠한지 깨닫게 해주소서."

"알았다. 내 그리 하겠노라."

그로부터 얼마 후 나르키소스는 사냥에 나섰다가 갈증을 풀기 위해 샘으로 갔다.

'이곳 샘물이 참 맑구나.'

나르키소스는 깨끗한 물을 마시기 위해 몸을 굽혔다. 그 순간 물속에 비친 아름다운 사람을 보았고, 샘에 살고 있는 물의 요정이라고 생각했다. 물을 마신 뒤 떠나려는데 그 얼굴이 떠올라 돌아설 수가 없어 다시 한 번 물속을 쳐다보았다. 여전히 아름다운 사내가 그 속에 있었다. 너무 매력적이어서 키스를 하려 했으나 그럴 수 없었다. 물결의 파장과 함께 사라졌다가 잠잠해지면 다시 나타났기에……

수선화가 된 나르키소스 자주색은 자존심·고독·히스
테리 등을 상징한다.

결국 나르키소스는 그곳을 떠나지 못한 채 먹지도 않고 잠도 자지
않으면서 샘물 속의 그림자만 쳐다보았다. 당연히 건강이 나빠졌고
급기야 슬픈 고통을 앓다가 죽고 말았다.

심지어 나르키소스는 저승의 강을 건널 때도 물속에서 물의 요정
을 찾으려 했다. 지상에서는 나르키소스의 죽음을 슬퍼한 요정들이
정성스레 화장하기 위해 시체를 찾았지만 발견하지 못했다. 대신에
자주색 꽃 한 송이가 보였기에 그 이름을 '나르시소스'(narcissus, 수선
화)라 불렀다.

한편 나르키소스에 관한 이야기는 몇 가지 상징을 내포하고 있다는 점에서 흥미롭다. 우선 자기 모습을 보지 말라는 신탁은, 자기 그림자 보는 걸 불길하게 여긴 그리스인의 정서를 반영한 것이다. 다시 말해 물에 비친 자기 모습이 물살에 의해 찌그러지거나 사라지면 자기 영혼도 사라지거나 목숨을 잃게 되는 것처럼 느낀 데서 비롯된 미신이었다.

또 하나 나르키소스 신화는 영상 이미지의 위험성을 일러주고 있다. 그 사람의 내면이나 성격은 전혀 고려하지 않고 오직 겉모습의 아름다움에만 빠지는 외모 지상주의가 어떤 결말에 이르는지 극명하게 보여주고 있는 것이다.

그런가하면 나르키소스는 자아도취의 빛과 그림자를 동시에 알려주고 있다. 1899년 독일 정신과 의사 니케가 지나친 자기애(自己愛)·자아도취증세를 '나르시시즘'이란 용어로 정의하면서 부정적 정신상태임을 강조한 게 그림자라면, 자기애를 통해 자신감 갖고 살아가는 마음을 빛이라고 말할 수 있다.

심리학자들은 누구나 유아기에는 1차적 나르시시즘을 지니고, 성장하면서 2차적 나르시시즘에 빠지며, 외부를 향한 대상애(對象愛)가 좌절될 때 성격장애를 일으킨다고 한다. 바꿔 말해 나르시시즘은 존재의 기본 원동력인 동시에 더불어 살아가야 하는 사회성에 대립하는 개념인 것이다.

그러므로 완벽주의가 아닌 적당한 선에서 만족할 줄 아는 자기애를 추구하되, 남에 대한 사랑과 사회 발전도 생각할 줄 아는 배려를 지녀야만 파멸되지 않는 만족감을 얻을 수 있으리라.

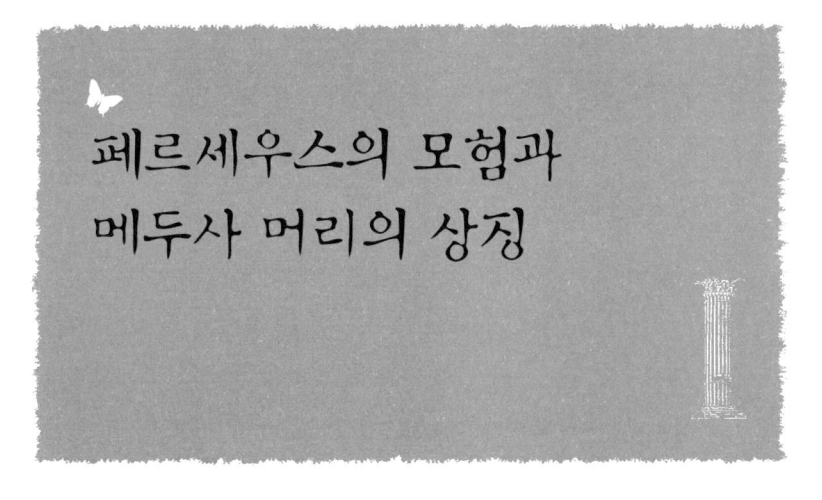

페르세우스의 모험과 메두사 머리의 상징

"아크리시오스여. 너는 왕국을 물려줄 아들을 낳지 못하겠지만, 대신 네 딸이 곧 아들을 낳으리라. 다만 네 손자가 너를 죽이게 되리라."

아르고스의 왕 아크리시오스는 델포이 신전에서 위와 같은 신탁을 듣고는 크게 놀랐다. 늦은 나이가 되도록 무남독녀 다나에만을 자식으로 두었기에 언제쯤 아들을 얻을 수 있는지 물었을 뿐인데 상상치 못한 불행한 최후를 들었으니 기막힐 일이었다.

신의 예언에 노심초사한 아크리시오스는 딸을 결혼시키지 않으리라 결심했다. 그러나 예상치 못한 일이 금방 벌어지고 말았다. 제우

스가 다나에의 미모에 혹한 나머지 황금비로 변신하여 관계를 가진 것이다.

얼마 후 다나에는 아들 페르세우스(Perseus)를 낳았다. 아크리시오스는 크게 화를 냈으나 신의 분노를 살까봐 차마 아기를 죽이지 못하고 모진 결단을 내렸다.

'아들이고 손자고 필요 없어. 내가 살고 봐야지.'

결국 다나에와 페르세우스 모자는 큰 궤짝에 넣어진 채 바다에 버려졌다. 세리포스 섬의 어부가 그 궤짝을 발견하여 다나에와 페르세우스를 섬의 왕 폴리덱테스에게 데려갔고, 왕은 두 사람을 자기 섬에서 살도록 해주었다. 시간이 흘러 페르세우스는 늠름한 청년이 되었다.

그러자 폴리덱테스는 음모를 꾸몄다. 다나에를 처음 본 순간 너무나 마음에 들어 바로 차지하고 싶었으나 페르세우스로 인해 그렇게 하지 못했기 때문이다. 거짓으로 국혼(國婚) 잔치를 벌인 폴리덱테스는 섬나라 풍습에 따라 예물을 들먹거리면서 이렇게 말했다.

"누이를 둔 자는 말 한 필, 딸을 둔 자는 말 두 필을 물리고자 하는데, 홀어미를 둔 자에게는 말 몇 필을 물려야 하겠소?"

이때 페르세우스는 말 대신에 왕국의 골칫거리인 메두사 머리를 바치겠다고 대답했다. 메두사가 얼마나 무서운 괴물인지도 모르고…….

메두사(Medusa)는 본래 아름다운 머릿결을 가진 어여쁜 처녀였다. 하지만 감히 아테나 여신의 머릿결과 아름다움을 다투려다 그 머릿

페르세우스 날개 달린 신발을 신은 채 전의를 다지고 있는 페르세우스

결이 무서운 뱀으로 변하는 벌을 받았다. 한편으로 메두사가 괴물로 변하는 벌을 받은 데에는 아테네 신전에서 포세이돈과 불경한 육체적 사랑을 했던 이유도 있었다.

'감히 내 신전을 더럽히다니, 도저히 용서할 수 없다!'

아테나는 메두사의 탐스런 머릿결을 살아있는 뱀으로 바꾸었고, 가지런한 이빨은 멧돼지 엄니와 뻐드렁니로, 고운 손은 거친 쇠로 만들어버렸다. 그리고 메두사의 추악한 얼굴(특히 눈)을 본 사람은 너무 놀란 나머지 그 자리에서 돌이 되어버리는 저주를 내렸다.

페가수스 메두사가 죽으면서 흘린 피에서 날개
돋친 말 페가수스가 나왔다.

아테나는 거기서 그치지 않고 메두사에게 신들의 특혜인 영원한
생명을 빼앗음으로써 언제 죽을지 모르는 불안감을 안겨주었다. 그
건 너무도 처절한 응징이었다. 여자들이 특히 자랑스러워하고 무척
이나 신경 쓰는 머리카락이 모두 뱀으로 변해서 슉 슉 거리다니. 메
두사는 차라리 죽고 싶은 심정이었으나 그렇게 하지 못했다. 죽기에
는 너무 억울해서.

어찌됐든 그때부터 메두사가 살고 있는 동굴 주변에는 메두사를
보자마자 돌로 변한 수많은 사람과 동물이 널리게 되었다.

그런데 정말 메두사는 나쁜 괴물이었을까?

메두사는 사람들을 해치지 않았다. 사람들이 동굴로 찾아왔다가
메두사를 보고 돌이 된 거지 메두사가 마법을 써서 돌로 만든 것은
아니다. 메두사가 나쁜 괴물이었다면 밖으로 나와 돌아다녀서 많은
사람들을 돌로 만들었을 것이다. 그러나 그렇게 하지 않았는데, 어리
석은 사람들이 두려움 때문에 메두사를 죽이려 하다가 오히려 자기

가 돌이 되곤 했다. 메두사가 점점 동굴 안쪽 깊숙한 곳에서 살았던 것은 아마도 그런 사실들이 너무도 가슴 아팠기 때문이리라.

그렇다면 메두사 이야기가 전해주고자 하는 건 무엇일까?

그건 머리에 대한 여인의 집착, 즉 여자들이 지나치리만큼 헤어스타일에 매달리는 풍경을 상징적으로 일러주는 것이다. 고대 그리스 여인들은 시시각각 변하는 유행을 따라 하느라 많은 시간을 소비하여 남자들의 비난을 샀는데, 현대 여인들이라고 크게 다르지 않다. 여인이 머리 다듬는 동안 기다리는 남자는 돌처럼 굳어지기 일쑤임을 감안하면 메두사 전설은 현실과 맞닿는다고도 볼 수 있다.

어쨌거나 그런지도 모르고 페르세우스는 어머니를 위해 기꺼이 모험을 떠났다. 불행 중 다행히 페르세우스는 신들의 도움을 받았다. 메두사를 미워한 아테나로부터 무엇이든 되받아치는 방패와 날개 달린 신발을 선물 받았으며, 헤르메스로부터 몸을 안 보이게 하는 모자를 얻었던 것이다.

페르세우스는 모자를 쓴 채 메두사가 살고 있는 동굴로 몰래 들어가서 반짝거리는 방패를 이용해 메두사 얼굴을 직접 보지 않으면서 거울처럼 반사된 형상을 살펴보면서 메두사를 공격했다. 페르세우스는 헤르메스에게 얻은 칼로 마침내 메두사 목을 베었고, 즉각 마법의 자루에 넣었다.

페르세우스는 집으로 돌아오는 도중에 에티오피아의 공주인 안드로메다를 구하기도 했다. 당시 에티오피아에는 이상한 질병이 돌아다녀 많은 사람들이 죽었는데, 안드로메다 아버지인 케페우스 왕은 바다 괴물에게 딸을 바쳐 질병에서 벗어나려고 했다. 지나가던 페르

세우스는 이 아름다운 공주를 보고 사랑에 빠진 나머지, 메두사 머리를 이용해 바다 괴물을 돌로 만들었으며 안드로메다와 결혼했다.

어머니 다나에와 함께 고향인 아르고스로 돌아온 페르세우스는 원반던지기 경기에 참가해 원반을 던지게 됐는데, 그 원반이 우연히 아크리시오스를 맞혀 그만 그의 목숨을 잃게 하고 말았다. 페르세우스는 아르고스를 떠나 미케네 왕국을 건설했으며, 헤라클레스를 비롯해 여러 명의 후손을 낳았다.

페르세우스 신화는 운명에 맞서는 자는 어려움을 극복할 수 있지만, 운명을 피하는 자는 고난에 굴복하게 된다는 진리를 일깨워주고 있다.

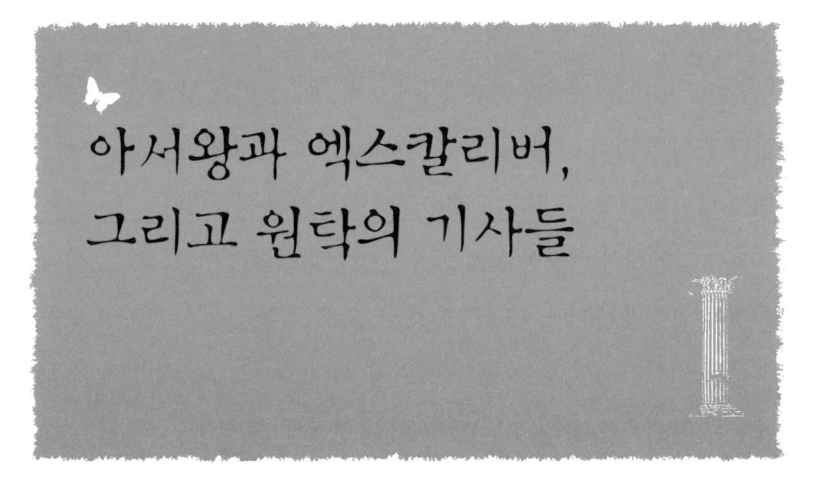

아서왕과 엑스칼리버,
그리고 원탁의 기사들

          아서왕(King Arthur)은 브리튼 섬에
크리스트교가 전파될 무렵 생성된 켈트족 신화의 영웅이자 브리타
니아 왕국의 위대한 인물이다. 그가 실존인물인지 가공된 상상인물
인지는 명확치 않으나 영국인들 사이에서는 개인적 야망과 백성을
위한 책임감, 그리고 나름의 목표의식을 지닌 위인으로 여겨지고
있다.

   그는 '엑스칼리버'(Excalibur)라는 보검과 '원탁의 기사들'(Knights of
the Round Table)과 관련해서도 유명한데, 과연 그것들이 상징하는 건
무엇일까?

🌱 아서왕이 뽑은 엑스칼리버가 상징하는 것

'큰 곰'이라는 어원을 가진 '아서'(Arthur)는 브리튼 왕 유서 펜드래
곤과 콘월 공작의 아내 사이에서 태어났는데, 불륜의 핏줄이기에 마
법사 멀린의 보호를 받다가 엑터 경에게 맡겨져 성장했다.

기사 집안에서 성장한 아서는 우연한 기회에 존엄한 지배자로서의
자질을 인정받았는데, 유서왕의 죽음이 그 계기였다. 브리튼의 모든
제후와 기사가 참석한 가운데 바위에 박힌 검 '엑스칼리버'가 왕위
계승의 자격으로 전해져 왔는데, 어느 누구도 뽑지 못한 그 검을 15
세의 어린 아서가 단숨에 뽑은 것이다.

"말도 안돼. 믿을 수 없어!"

누군가가 의심스런 목소리로 말하자 아서는 검을 바위에 다시 박
은 뒤 다시 뽑았다.

'돌로부터 자유로워지기 위하여'라는 뜻인 '엑스칼리버'는 힘이
아니라 신념에 의해 휘둘려지는 무기이자 지도자로서의 카리스마를
상징한다. 다시 말해 아서는 지도자가 갖춰야 할 카리스마 중 하나인
신념을 칼 뽑기로 보여준 것이다.

그러나 제후 중 일부가 반란을 일으켰을 때 아서는 거의 패배할 때
까지 인내하다가 최후 순간에 엑스칼리버를 뽑아들고 단숨에 대세
를 역전시켰다. 마법사 멀린의 조언에 따른 이 행위는 승리를 보다
극적으로 느끼게 해주었고, 아서왕을 영웅으로 떠오르게 만들었다.
가장 어려울 때 힘을 발휘하는 자가 더없이 숭고하게 느껴지는 이치
였다.

🖈 원탁의 기사가 보여준 수평적 권한과 전문화

아서는 곧 왕으로 추대되었고, 그는 카메리아드왕의 딸 기니비어와 결혼함으로써 가정의 안정을 이루면서 연합세력을 추가로 얻었다.

"이 결혼은 훗날 후회를 부를 것이오."

마법사 멀린이 충고하며 말렸지만 아서는 전략적 차원에서 자신의 의지를 굽히지 않았다.

이때 아서왕은 장인으로부터 원탁의 기사들을 선물로 받았는데, 이전보다 효과적으로 기사들을 다뤄 왕국의 번성을 도모했다. '원탁의 기사'는 문자 그대로 둥근 탁자에 둘러앉은 기사들을 의미하지

원탁의 기사들 둥근 탁자 중 빈 의자는 가장 훌륭한 기사를 위해 남겨 놓은 자리이다.

만, 단순한 합석을 넘어서서 상하 구분없는 동등한 주인의식을 내포한다. 또한 당시 의자는 권력을 상징했기에 원탁의 기사는 권력의 중심을 상징한다.

아서왕은 100명에 이르는 기사를 10여명으로 줄이는 대신 그들에게 특정 분야의 책임자 의식을 부여하고 권한을 주었다. 역할을 분담하니 알력으로 인한 충돌이 적어지고 자연스레 기사들 상호간에 협동심이 발휘되었다.

또한 아서왕은 자주 그들과 함께 식사를 하면서 정보를 수집하였다.

"그때 저는 이러한 방법으로 적을 무찔렀지요."

"참으로 대단한 계책이었습니다."

서로 주고받는 대화 속에 저마다의 노하우가 들어있었기에 아서왕은 특정 전문지식을 쉽게 파악하고 통치나 전장에서 활용할 수 있었다. 기사들은 기사들대로 수직적 구조의 기존 계급조직보다 훨씬 강력한 힘을 발휘했기에 자부심이 대단했다.

아서왕이 영국을 통일한 지혜의 근원은 바로 수평적 권한과 전문화라고 말할 수 있다. 흥미롭게도 우리 인간관계도 그러하다. 복종만을 요구하는 조직 속에서 구성원들은 기본적 일처리만 할뿐 나머지는 적당히 꾀를 부린다.

반면에 주인의식을 심어주고 일정한 권한을 줄 경우에는 자기 몫을 불리기 위해 자발적으로 최선을 다하는 경향이 있다. 이때 구성원 상호간에 정보가 차단된 경쟁이 아니라 정보를 공유하는 협동체제여야 성과 효율이 높아진다.

🕊 낭만적 사랑이 불륜의 아픔을 동반하는 이유

아서왕은 한 동안 강성한 왕국의 통치자로 번영을 누렸다. 그러나 말년에 이르러 예기치 못한 조카 모드레드의 반란으로 곤경에 빠졌다. 그런데 난을 제압하기 위한 과정에서 큰 전투가 연이어 벌어졌지만, 이번에는 승리가 아니라 패배를 맛보았고, 원탁의 기사들이 대부분 전사하는 불행을 겪었다.

무엇이 이들을 절망의 구렁텅이로 몰았을까? 그 씨앗은 왕비 기니비어와 기사 랜슬롯 사이에 싹튼 사랑이었다.

"뭐라! 왕비와 랜슬롯 경이 사랑한다고?"

뒤늦게 둘의 불륜을 알아챈 아서왕은 배신감에 낙담하여 모든 의욕을 상실했다. 국가적 차원에서 사태는 심각했으나, 개인적 차원에서 랜슬롯은 이미 왕비에게 "다른 여자는 결코 사랑하지 않겠나이다"라고 맹세한 바 있고, 왕비는 자기가 위험에 빠졌을 때 목숨을 구해준 랜슬롯에게 고마움에서 비롯된 사랑을 느꼈기에 둘의 로맨스는 멈추지 않았다.

왕비와 랜슬롯의 연애는 남녀간 심리 차이를 일러주고 있

맹세하는 기사들 랜슬롯을 비롯한 기사들이 아서왕에게 충성을 맹세하고 있다.

다. 여자는 언제나 남자로부터 최고의 존재로 대우받고 싶어 하는데, 기꺼이 위험을 감수한 랜슬롯의 행위는 최고일 수밖에 없다.

이에 비해 남자는 자기 아내(혹은 애인)의 매력을 등한히 여기기 쉬운데 다른 남자가 보기에는 그렇지 않기 십상이다. 바꿔 말해 내 여자라고 안심해서는 사랑을 붙잡을 수 없다는 얘기다.

예부터 '가장 무서운 적은 안에 있다'고 하지 않았던가. 영원할 것 같았던 사랑과 우정이 떠나자 전의를 상실한 아서왕은 반란에 쫓기는 과정에서 호수의 요정에게 엑스칼리버를 돌려주고 아발론으로 떠나고 말았다. 그후 아서왕이 어떻게 죽었는지는 아무도 모른다.